Der

Ball

ist

runt

CHRISTIAN EICHLER, geboren 1959, ist Europa-Sportkorrespondent der *Frankfurter Allgemeinen Zeitung* und lebt mit seiner Familie in Brüssel. Er ist Autor zahlreicher Bücher, u. a. »*Lexikon der Fußballmythen*« (Eichborn 2000/2004) und »*Deutschland, Deine Lieblingsgegner*« (Eichborn 2006).

Die Einheitlichkeit der deutschen Rechtschreibung ist in den letzten Jahren ohne Not zerstört worden. Dieses Buch folgt den Regeln der sprachlichen Vernunft und orientiert sich deshalb partiell an der bis 1996 gültigen Orthographie.

1 2 3 09 08 07


Umschlaggestaltung: Moni Port unter Verwendung
einer Illustration von Diana Lukas-Nülle
Lektorat: Oliver Thomas Domzalski
Layout und Satz: Christiane Hahn
Druck und Bindung: Claussen & Bosse, Leck

ISBN 978-3-8218-4967-6



Verlagsverzeichnis schickt gern:
Eichborn Verlag, Kaiserstraße 66, 60329 Frankfurt am Main
www.eichborn.de

CHRISTIAN EICHLER

# Der Ball ist runt

KLEINES LEXIKON DER FUSSBALLPANNEN

Eichborn

# Vorwort

Kein Spiel ist wie Fußball. Kein Spiel produziert so viele Pannen und Peinlichkeiten, anders gesagt: so viel zu lachen. Warum? Weil es den Spielern zumutet, das Spielgerät ausgerechnet mit zwei Körperteilen zu behandeln, die dafür von der Natur nicht vorgesehen wurden. Und die deshalb völlig ungeeignet dafür erscheinen: mit Fuß (statt Hand) und Stirn (statt Hirn). Kein Spiel kann man deshalb so wenig planen wie den Fußball. In jeder Aktion, jedem Angriff, jeder Abwehr bleibt ein Rest an Zufall, ja Anarchie. Und deshalb auch: an komischem Potential.

Herrlich, was im Fußball alles danebengehen kann, und das vom letzten bierbäuchigen Amateur bis zum drahtigen Profi-Millionär. Und das Beste: Nicht immer geschieht es dem Fußballplatz. Deshalb ist dieses Buch nicht nur eines über Fußball, sondern ein Buch über das ganze Leben. In ihm findet sich (neben vielem anderen):

- Ein Trainer, den man entließ, weil er seinen Hund zur Pressekonferenz mitbrachte
- Ein Spieler, den man entließ, weil er einem furzenden Kollegen eine klebte
- Ein Torwart, der drei Zentner wog und einen Stürmer kopfüber in ein Matschloch steckte
- Ein Nationalspieler, der im Bordell ein Autogramm gab
- Ein Nationalspieler, der in der Halbzeitpause onanierte
- Ein Spieler, der eine Rote Karte aufaß
- Ein Profi, den seine Darmtätigkeit 90.000 Euro kostete
- Ein Torwart, dessen Team im Europacup ausschied, weil er Klopapier aus dem Strafraum räumte
- Ein Nationalspieler, der im Knast landete, weil er den Geldkoffer mit den Mannschaftsprämien raubte
- Und einer, der einen Klodeckel klauen wollte

Außerdem gibt es:

- die 10 peinlichsten Fußball-Fehlleistungen am Telefon
- die 11 komischsten Vierbeiner auf dem Fußballplatz
- die 12 faulsten Fußballer-Ausreden
- die 12 überraschendsten Zeitpunkte für eine Trainerentlassung
- die 12 ungewöhnlichsten Wurfgeschosse
- die 23 originellsten Methoden, eine Gelbe oder Rote Kartezu erhalten
- und die 51 verrücktesten Arten, sich als Fußballer zu verletzen, ohne Fußball zu spielen.

Das Studium solcher Fehlleistungen kann helfen, die Tücken auch des eigenen Alltags zu erkennen und zu bewältigen – schon wer die 51 Verletzungen vermeidet, dürfte besser durchs Leben kommen. Der Autor hat schon lange vor seinem 2002 erschienenen »Kleinen Lexikon der Fußballnieten« begonnen, solche Dinge von fußballerischem Nutzwert für die Nachwelt zu sammeln. Er tat das auch mit Hilfe der famosen Rubrik »The Knowledge« auf der Website des englischen Guardian oder den großartigen Fußballmagazinen *ForForTwo* (England) und *11 Freunde* (Deutschland) – ihnen sei hier gedankt, stellvertretend für all die geschätzten Kollegen, die auch die abseitigen und amüsanten Facetten des Fußballs journalistisch begleiten.

Denn wer nicht nur Lust auf Fußball hat, sondern sich auch lustig über ihn machen kann, der hat doppelt so viel Spaß im Leben.

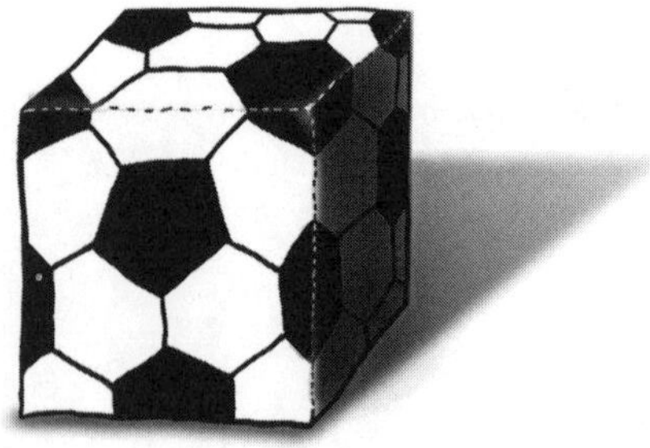

## Abgemaiert

»Lehmann kann sich aufhängen. Kahn ist der bessere Torwart.«
*(Sepp Maier als Torwarttrainer der Nationalmannschaft. Der Satz kostete ihn den Posten.)*
»Sepp Maier ist gefeuert, aber das ist praktisch: Auf dem Arbeitsamt kann man den Trainingsanzug anlassen.«
*(Anke Engelke)*

## Abmarsch

Gerhard Mayer-Vorfelder war als DFB-Präsident einem guten Tropfen nie abgeneigt. Da bewies der »Verein Deutsche Sprache e.V.« ein Gespür für Wortwitz, als er ihn zum »Sprachpanscher des Jahres 2003« wählte – wegen der »Vermanschung des Deutschen mit dem Englischen« in diversen DFB-Veröffentlichungen: etwa bei der »DFB Away Socke« (rot, 15 Euro). Aber auch nach seinem Abschied nach der WM 2006 zeigte »MV« verbale Kompetenz, als er sich für seinen unerschütterlichen Glauben an den schwäbischen Landsmann Klinsmann lobte und im »11-Freunde«-Interview mit zackiger Bildsprache noch ein letztes Mal Haltung annahm: »Deshalb war der Erfolg bei der WM auch für mich ein innerer Vorbeimarsch.«

## Ailton

Kleinkinder beginnen mit Einwortsätzen (»Mama«, »Auto«), später werden Dreiwortsätze daraus. Außer wenn die Kleinkinder Torjäger werden. Dann bleiben sie manchmal ziemlich einsilbig (Horst Hrubesch: »Manni Bananenflanke. Ich Kopf. Tor!«). Der einsilbigste aller Torjäger war ein schneller Brasilianer mit Nussknackerkinn, den sie Ailton nannten: »Ein Schuß. Ein Tor. Das Ailton.« Nur Menschen, die eine fremde Sprache lernen sollen und daran fröhlich scheitern, gelingt es, das Wichtige mit so wenig Aufwand zu sagen. Zum Beispiel so: »Toni. Tor. Alles gut.« Als er 1998 nach Bremen kam, nannte er, noch mit Übersetzer, seine drei Probleme: »Kälte, Sprache, Felix Magath«. Später konnte er zumindest eins davon auch auf Deutsch sagen: »Magath nix gut.« Hey, das war ja ein Dreiwortsatz. Später steigerte er sich sogar auf einen Fünfwortsatz, als er die Chancen auf die Champions League so formulierte: »In momento'n bisschen guck.«

## Alimente

Uneheliche Kinder haben schon so manchen Fußballer ruiniert, allen voran den größten aller Fummler, Garrincha, der zwar an jedem Verteidiger vorbeikam, aber an keiner Frau: Er zeugte 13 Kinder (mit 5 Müttern). Einen würdigen Nachfolger fand der große Brasilianer im Ecuadorianer Iván Kaviedes, der sein Land 2002 mit einem Tor gegen Uruguay zum ersten Mal zu einer WM schoss. Schon 1998, in seiner dritten Profisaison, war er für 43 Tore in 39 Erstligaspielen als »Welttorjäger« ausgezeichnet worden. Pech war, dass er nicht nur ins Tor traf. Ein Jahr später erklärten drei junge Mütter, Kaviedes sei der Vater ihrer Kinder. Die Presse in Ecuador taufte ihn darauf »El Inseminador«, den Befruchter. Bei der WM 2006 traf Kaviedes zum 3:0 gegen Costa Rica und stülpte sich eine Spiderman-Maske über den Kopf, die er in seiner Hose versteckt hatte. Vielleicht war es der verrückteste Torjubel der WM. Vielleicht wollte Kaviedes aber auch nur nicht von einer weiteren jungen Mutter erkannt werden.

## Anatomie

Alle Menschen sind gleich. Nur Fußballer sind manchmal anders. Denn sie haben gelernt, »in ihren Körper hineinzuhören«, wie es Lothar Matthäus einmal so schön formulierte. Was sie dabei hören, offenbart mitunter Zusammenhänge, von denen der Normalsterbliche nichts ahnt. »Eine Oberschenkelzerrung im linken Fuß« erkennt man wohl nur, wenn man ein Weltmeister ist wie Guido Buchwald. Auch Boris Becker, wenngleich eher Tennisspieler, hat früher viel in sich hineingehört. Deshalb kennt auch er die interorganischen Wechselwirkungen im Körper des Leistungssportlers. Nach Umschulung zum DSF-Interviewer begrüßte er seinen ersten Gast Ottmar Hitzfeld: »Sie hatten zu Dortmunder Zeiten einen Darmdurchbruch. Das ging schon richtig an die Nieren.«

Manch weniger sensible Diagnose hört sich dagegen an, als wäre man nicht im Stadion, sondern in Guantanamo gelandet. »Der krempelt die Arme hoch«, sagte Rainer Calmund als Manager in Leverkusen nicht über einen Folterknecht, sondern über Carsten Ramelow. Auch Rudi Völler dachte als Bundestrainer offenbar schon über physische Erziehungsmethoden nach, überlegte es sich im Falle eines formschwachen Spielers aber zum Glück doch noch einmal anders: »Man darf ihn jetzt nicht über das Knie brechen.« Und als Bayern-Präsident Wilhelm Neudecker einmal Auskunft über einen eigensinnigen Untergebenen gab, stand zu befürchten, der gute Mann werde gerade auf der Bayern-Streckbank so richtig langgemacht: »Wir bemühen uns, Kapellmann zu verlängern.« Es blieb dann aber bei 1,72 Metern.

## Anzeigetafel

Bamba (3), Romano (2), Naldo (2), Fabinho, Modeku, Lustrinelli, Pavlovic. Es handelt sich hierbei nicht um eine Liste abgelehnter Immigranten aus »Die Schweizermacher«, jenem unvergesslichen Streifen, in dem 1978 Emil Steinberger einen eidgenössischen Einbürgerungsbeamten spielte. Nein, es ist nur die Aufzählung einiger Herren, die dem europäischen Fußball das torreichste Erstligaspiel des 21. Jahrhunderts bescherten – und dem FC St. Gallen, zwei Jahre zuvor noch Meister, die Blamage des Jahrzehnts. 11:3, in Worten: elf zu drei, so siegte dank dieser Schützen der FC Wil anno 2002. Als in der 76. Minute der Aufsteiger sein zehntes Tor erzielt hatte, war die auf einstellige Resultate eingestellte Klapp-Anzeigetafel überfordert. Die 7100 Zuschauer (Stadionrekord auf dem Wiler Bergholz) sahen, wie es zwischen der Werbung für »Haushaltswaren Tumblersepp« und »Malermeister Ruggiero« nach 9:3 plötzlich 0:3 stand. Der Schiedsrichter hatte zum Glück mitgeschrieben.

## Assistenten

Manchmal wird der Assistent zum Boss, und nicht immer ist das eine gute Idee. Rainer Bonhof zum Beispiel hatte seinem Vorgesetzten Berti Vogts in aller Loyalität gedient wie Harry dem Derrick. Wo der schon mal den Wagen holen ging, löste er die ebenso rituelle Aufgabe mit Bravour, sich auf das immergleiche Reporterstichwort nicht zu verhaspeln: »Rainer, was hat Berti Vogts in der Kabine gesagt? Wird ausgewechselt?« Doch dann machten die Gladbacher den Assistenten Bonhof tatsächlich zum Chef. Der meinte nach einem seiner wenigen Siege: »Wir müssen die Basis fundieren.« Und fand die Aufgabe schon psychologisch schwierig: »Fußball spielt sich zwischen den Ohren ab. Da war teilweise Brachland, das neu bepflanzt werden musste.« Die Aufforstung hatte wenig Erfolg: Gladbach stieg im Mai 1999 ab, und nach vier Auftaktniederlagen in der Zweiten Liga warf Bonhof im September 1999 das Handtuch. Das war zwei Wochen zu spät: Am Ende fehlten den Gladbachern mit ihrem neuen Trainer Hans Meyer nur vier Punkte, und so mussten sie noch ein Jahr länger warten auf den Wiederaufstieg.

## Auch du, Brutus!

Gegen die Seychellen muss man erstmal verlieren. Das schaffte Namibia, und das auch noch als Gastgeber des »Cosafa Castle Cup« 2006. Man unterlag den Urlaubsinsulanern im Elfmeterschießen. Den Treffer in der regulären Spielzeit, der den Seychellen die Sensation ermöglichte, erzielte ein Mann, bei dessen Namen die Gastgeber hätten gewarnt sein müssen. Er hieß Brutus.

## Ausgepunktet

Trainer Bryan Robson weigerte sich im Dezember 1997, mit dem FC Middlesbrough gegen die Blackburn Rovers anzutreten, weil, so Robson, sein Team durch Verletzungen, Krankheiten und Sperren zu sehr dezimiert sei. Der englische Verband zog dem Klub dafür drei Punkte ab. Das später neuangesetzte Spiel verlor Middlesbrough auch, so dass aus der Partie die einmalige Bilanz von minus drei Punkten entstand. Am Ende der Saison fehlte dem Klub ein Punkt, um in der Premier League zu bleiben.

## Ausgerechnet

»Schnellinger!!
Nein, nein, nein, nein
Tor durch Schnellinger
Unglaublich
Ausgerechnet Schnellinger
Werden die Italiener sagen
Ausgerechnet Schnellinger
Es ist nicht zu glauben.«

So wurde Ernst Huberty der erste Rapper, lange vor allen US-Ghettokids. Es geschah nach dem Ausgleich in letzter Minute des WM-Halbfinals 1970 zwischen Deutschland und Italien, und das durch den unwahrscheinlichsten aller Torschützen – durch Schnellinger, der beim AC Mailand spielte und in zwölf Jahren für Deutschland noch nie getroffen hatte. Dann traf Karlheinz »Ausgerechnet« Schnellinger und ermöglichte so die tollste Verlängerung der Geschichte. 30 Jahre lang lag die Messlatte für dieses Ehrenwort dann ziemlich hoch. Bis Jörg Wontorra kam: »Ausgerechnet Nedved«, rief er nach dem Tor des Juventus-Tschechen in der Champions League 2004 gegen die Bayern – als hätte es sich um einen Hinterbänkler gehandelt und nicht um Europas Fußballer des Jahres. Oder die Deutsche Presse-Agentur: »Ausgerechnet Rosicky« (der ein bisschen angeschlagen war) schoss Tschechien zur WM. Inzwischen holt auch die Politik auf: »Ausgerechnet Angela« (die *Taz* zur Kanzlerwahl). »Ausgerechnet Schröder« (die *Leipziger Volkszeitung* über die Umschulung zum Gasmann).

Für eine einzige Aktion aber drei »ausgerechnet« auszugeben, das geht nur im Fußball. Es geschah kurz vor Weihnachten 2005 in der »Sportschau«, beim Kölner Treffer zum 1:2 in Hamburg (Endstand 1:3): »Ausgerechnet Schlicke! Ausgerechnet gegen van Buyten! Ausgerechnet ein Kopfballtor gegen die Riesen in der HSV-Abwehr!« Drei für ein Tor, Rekord: eins mehr als Huberty 1970. Ausgerechnet Beckmann. Es ist nicht zu glauben.

## Ausgezählt

Klaus Augenthaler schaffte es als Bayern-Assistent, bei seinem einzigen Einsatz als Chef (vertretungsweise) vier Amateure aufs Feld zu bringen – einen zu viel, Punktabzug. Dann schlief er bei einem Einsatz in angestammter Assistentenrolle auf der Bank ein. Zur Strafe musste er als Trainer zu Sturm Graz. Später schaffte er mit dem 1. FC Nürnberg den Aufstieg in die Bundesliga, nur um sich dort, nach eigenen Worten, unter den »Deppen der Nation« zu etablieren: In der ersten Pokalrunde 2001 gelang es Augenthalers Truppe als erstem Bundesligaklub, gegen einen Fünftligisten auszuscheiden. Gegen den SSV Ulm, nach einem Jahr in der Bundesliga abgestiegen, wegen Insolvenz in die sechste Klasse verbannt und dann in die Verbandsliga aufgestiegen, gab es eine 1:2-Niederlage.

## Auswärtsspiel

Nicht immer werden Fans für ihre Reisefreudigkeit belohnt. Die längste Auswärtsreise des Europapokals machten im März 1968 die Anhänger von Cardiff City. Der walisische Klub musste im Europacup der Pokalsieger zu Torpedo Moskau. Weil dort tiefster Winter war, wurde die Partie nach Taschkent verlegt, nahe der chinesischen Grenze – 5438 Kilometer von Cardiff entfernt. Die Waliser verloren 0:1, mussten deshalb auch noch nach Augsburg reisen, für ein Entscheidungsspiel, das sie gewannen, und dann noch nach Hamburg, zum Halbfinale, und dort war Ende der Reise.

Noch längere Wege als im Europacup gehen Fans in der ersten russischen Liga, seit Luch-Energija Wladiwostok aufgestiegen ist. Drei Anhänger von Zenit St. Petersburg machten sich 2006 mit einem roten Honda Civic auf die Reise zum Auswärtsspiel im hintersten Winkel von Sibirien, rund 11.500 Kilometer (einfache Fahrt). Zenit gewann 2:0, und das brave Gefährt gab in der Ferne den Geist auf. Statt im Pazifik entsorgt zu werden, kam es ins Klubmuseum, und Zenit spendierte den Fans ein neues Auto.

## Auswechslung



Normal sieht das so aus: Eine Nummer wird angezeigt, und der, der die Nummer auf dem Rücken trägt, guckt erleichtert oder auch pikiert; dann trabt er raus, dankt dem Publikum und klatscht seinen Ersatzmann ab. Wenn das aber in Ägypten stattfindet und Ägypten Gastgeber des Afrika Cups ist und der Trainer im Halbfinale seinen Star und Torjäger auswechselt, der außer Form ist, sich aber immer noch für den Größten hält und als Einziger im Team einen Künstlernamen trägt und als Einziger im Trainingslager das Zimmer nicht mit einem Kollegen teilt, sondern mit seiner Frau – dann kann das schon mal anders aussehen. Brüllend, keifend und immer wütender werdend lief Mido, der Torjäger aus Tottenham und Liebling der ägyptischen Yellow Press, auf den Mann zu, der ihm das eingebrockt hatte, auf Trainer Hassan Shehata. Sturm-Veteran Hossam Hassan warf sich dazwischen, als wäre er ein Bodyguard beim Ballyhoo zweier Boxer vor dem Kampf. »Warum nimmst du mich raus?«, schrie Mido im Klammergriff. »Weil ich der Trainer bin«, brüllte Shehata zurück. »Du bist nur ein Esel«, keifte Mido. Shehata konterte: »Nein, du bist der Esel.« Midos Ersatz Amr Zaki köpfte eine Minute später, mit der ersten Ballberührung, den 2:1-Siegtreffer gegen Senegal. Mido flog aus dem Team. Starlos gewann Ägypten den Titel im Finale gegen die Elfenbeinküste.

## Autogramm

Berühmte Fußballer kritzeln tausendfach gedankenlos ihren Namen auf irgendwelche hingehaltenen Fotos oder Zettel. Da ist es nett, wenn sie doch einmal Zeit für ein paar persönliche Worte finden. So wie es Wayne Rooney als 18-jähriger Jungstar des FC Everton tat, nachdem er der Horizontalfachkraft Charlotte Glover 140 Pfund für deren Dienste entrichtet hatte. »Für Charlotte«, so lautete die schriftliche Widmung, die er ihr hinterließ. »Ich habe dich am 28. Dezember gevögelt. In Liebe. Wayne Rooney.« Es wurde ein gefundenes Fressen für die Klatschpresse. Die Dame rechtfertigte sich: »Ich habe ihn halt drum gebeten, mir was zu schreiben. Ich wusste ja nicht, dass er so blöd ist, es auch zu tun.«

## Ayala

Jens Lehmann guckte auf den Zettel im Stutzen und las, was Torwarttrainer Andreas Köpke ihm gesteckt hatte: »Ayala 2 lange warten, langer Anl. rechts«. Es war das Elfmeterschießen im Viertelfinale der WM 2006, und Roberto Ayala wurde der erste Spieler der WM-Geschichte, der mit einem Spickzettel besiegt wurde. Auf dem stand, mit blassem Bleistift, verknittert, kaum noch zu lesen, unter dem Schriftzug des »Schlosshotels Grunewald«:

1. **Riquelme links hoch/**
2. **Crespo langer Anlauf/rechts, kurzer Anlauf/links**
3. **Heinze 6 links flach**
4. **Ayala 2 lange warten, langer Anl. rechts**
5. **Messi links**
6. **Aimar 16 lange warten links**
7. **Rodríguez 18 links**

Riquelme und Crespo waren schon ausgewechselt, Messi hatte nicht mitgespielt, Heinze trat (wie auch Aimar) nicht zum Elfmeter an. Also half erst Punkt 4. Ayala nahm, wie der Zettel vorhersagte, einen langen Anlauf, Lehmann blieb lange stehen. Ayala schoss nach rechts, Lehmann hielt. Auch gegen Rodriguez hatte er die richtige Ecke, doch der Ball war zu scharf. Als Letzter kam Cambiasso, der nicht auf dem Zettel stand, doch Lehmann las darauf so lange, als erfahre er dort alles über den Argentinier. Und hielt.

---

## Ballbesitz

Das 4:1 der Brasilianer im WM-Finale 1970 gegen Italien wurde berühmt, das Musterbeispiel für ein Kombinations-Tor: zehn Stationen, 28 Sekunden, ehe Carlos Alberto die Kugel ins Netz jagte. Jeder sah: Brasilianer wollen den Ball. Argentinier wollen ihn auch. Erst nach 25 Ballkontakten ließen sie beim zweiten ihrer sechs Tore gegen Serbien-Montenegro bei der WM 2006 einen Gegner an den Ball – es war der Torwart, der ihn nach Cambiassos Treffer aus dem Netz holen durfte. Andere aber wollen ihn gar nicht unbedingt, wie etwa die Senegalesen beim Afrika Cup 2006, die gegen Ghana Anstoß hatten – und den Ball freiwillig ins Seitenaus beförderten. Spätestens seit »Professor« Egil Olsen herausfand, dass es nicht darauf ankommt, wer den Ball hat, sondern wo er ist, dass man ihn also schnell und weit nach vorn befördern muss – und seit er 1998 mit den biederen Norwegern die Brasilianer besiegte, gilt Ballbesitz als etwas Heikles. Deutschland merkte das bei der EM 2000. Da hatte man in jedem Spiel mehr Ballbesitz als der Gegner. Und erlitt die peinlichste Pleite der deutschen Fußballgeschichte.

## Balljunge

Bevor in den 90er Jahren das »Mehrballsystem« eingeführt wurde – damit nicht mehr minutenlang nach einem über die Tribüne gepöhlten Ball gesucht werden musste –, hatten Balljungen eine taktische Nebenrolle. Lag das Heimteam kurz vor Schluß vorn, ließen sie sich besonders viel Zeit beim Bereitstellen der ausbeförderten Kugel. Besonders Leeds United stand bei englischen Konkurrenten im Verdacht dieser Art von Zeitverschwendung. Seit mehrere Bälle im Spiel sind, sieht sich der Balljunge wieder aufs reine Apportieren beschränkt.
Da aber kam einem Vertreter dieser unterschätzten Zunft eine glorreiche Idee. Es geschah 2006 beim brasilianischen Drittligaspiel zwischen Santacruzense und Atlético Sorocabana. Santacruzense-Stürmer Samuel zielte in der 89. Minute knapp daneben. Und doch landete der Ball im Tor. TV-Bilder bewiesen: Ein neben dem Pfosten stehender Balljunge hatte die Kugel ins Netz verlängert. Das Tor zählte trotzdem – es schenkte Santacruzense ein Remis.

## Bayern

In der Saison 2002/03 schaffte der deutsche Rekordmeister ein kostbares Kunststück: Er gewann den nationalen Titel mit dem größten Vorsprung der Bundesliga-Geschichte, 16 Punkte – und schied in der Champions League mit dem schwächsten Resultat aus, das je ein deutscher Klub in der Vorrunde der Champions League erreichte: mit 2 von 18 möglichen Punkten, 10 zu wenig, um weiterzukommen. Waren das Zeiten, in denen es umgekehrt war – in denen die Bayern Europa beherrschten und in Deutschland Prügel bezogen. Dem ersten Europapokalsieg der Landesmeister 1974 ging die unvergessliche 4:7-Niederlage (nach 4:1-Führung) in Kaiserslautern voraus. Der zweite Europapokalsieg 1975 ging mit Platz zehn in der Liga, 63 Gegentoren und 14 Niederlagen einher (darunter 5:6 in Düsseldorf, 2:5 gegen Kaiserslautern, 2:3 und 0:6 gegen Offenbach). In der Saison 1975/76 unterhielten Kaiser & Co. das schadenfrohe Publikum vor allem beim 0:6 in Frankfurt. Und eine Saison später, als Sepp Maier 65 Tore kassierte, gelang eine weitere Steigerung, mit Ergebnissen, die man sich noch heute auf der Zunge zergehen lassen kann: 0:7 zu Hause gegen Schalke, 0:3 gegen Frankfurt, 0:5 in Hamburg, 2:5 in Duisburg, 1:6 in Saarbrücken. Allerdings war da auch die Europapokalserie zu Ende: Die Bayern schieden im letzten Jahr mit Beckenbauer nach drei Europacup-Gewinnen in Folge gegen Dynamo Kiew aus.

## Beckenbauer

Er hat nicht nur alles gewonnen. Er hat auch alles gesagt. Und zwar so, wie es ihm gerade durch den Kopf schoss. Nicht wie ein Politiker. Auch deshalb mögen ihn die Leute. »Wir sind über Jahre nicht mehr zu besiegen«, sagte er als Teamchef nach dem WM-Sieg 1990. Die größte Fehlprognose der Fußballgeschichte. Aber auch die charmanteste, ganz Beckenbauer: »Tut mir leid für den Rest der Welt, aber es ist so.«

O-Ton Beckenbauer vor der WM 1994: »Völlig wurscht, mit welcher Taktik Vogts spielen lässt. Das deutsche Team ist einfach stark genug.« Vor der EM 2000: »Wir sind in der Lage, den Titel zu verteidigen.« Vor der EM 2004: »Das deutsche Mittelfeld ist das stärkste des Turniers.« Leider wussten die Gegner nichts von alledem.

Über Neuling Rummenigge urteilte er 1974: »Das wird nie einer.« Mit Anfang dreißig fand er: »Nach meiner Profikarriere möchte ich mit Fußball nichts mehr zu tun haben«. Und enthüllte mit Ende fünfzig, dass er vielleicht als Frau wiedergeboren wird.

»Ich habe noch nie eine große Rede gehalten«, beteuerte er einmal. »Ich habe immer nur gesagt, was mir gerade eingefallen ist.« Und dann manchmal »eine Stunde später gedacht, was hast du da wieder für einen Blödsinn erzählt.« Er glaubt an Astrologie, lässt sich von seiner früheren Lebensgefährtin die Sterne lesen. Und ist nicht so der ganze Mann? Franz Beckenbauer, das liebste Horoskop der Deutschen: Jeder hört was Gutes für sich heraus. Und niemand kann böse sein, wenn es nicht wahr wird.

## Beckham

1995, bei einer Europapokalreise zu Rotor Wolgograd, machte Assistenztrainer Brian Kidd dem damaligen Jungstar von Manchester United weis, das dortige Wasser führe zu sofortigem Haarausfall. In der Folge traute sich Beckham (ebenso wie Ryan Giggs und die Neville-Brüder) nicht mehr zu duschen. Um dennoch nicht ganz so streng zu riechen, badeten sie schließlich in Flaschenwasser von Evian.

Auch sonst galt Beckham immer als leichtes Opfer. Der

Öffentlichkeit beichtete er im TV-Interview 2006 eine psychische Zwangsstörung, die ihn dazu dränge, ständig Hotelzimmer aufzuräumen, Kleiderbügel und Zeitschriftenstapel rechtwinklig auszurichten, Coladosen im Kühlschrank paarweise anzuordnen und so weiter. Erst wenn alles passt, kann er entspannen. Die Kollegen wussten das alles natürlich schon viel früher, und so gehörte es zum Ritual bei Auswärtsspielen oder Trainingslagern von ManU, erstmal zu warten, bis »Becks« alles schön aufgeräumt hatte, ihn dann auf seinem Zimmer zu besuchen – und es freudig zu verwüsten.

Der arme Beckham verdient heute so viel Geld, dass er wohl kaum noch zum Schlafen kommt, denn ständig gibt es neue Luxus-Einkäufe oder Präsente wegzuräumen. Allein zu Weihnachten 2004 lagen im Hause Beckham nach Beobachtung von Experten unter anderem folgende Geschenke unter dem Christbaum: für Papa ein Luxusauto (Nummer 15 im Fuhrpark); für Mama ein erotisches Platin-Spielzeug mit Diamantbeschlag für eine Million Pfund (ein Jahr zuvor gab es zwei juwelenbesetzte Edel-Reitgerten, obwohl Beckhams keine Pferde besitzen); für den fünfjährigen Brooklyn eine motorisierte 30.000-Euro-Kinderversion des »Hummer« – jenes martialischen Geländewagens, mit dem General Schwartzkopf durch die irakische Wüste preschte.

Leider nicht fertig zur Bescherung war, wegen der erforderlichen Baugenehmigung, die knapp 200.000 Euro teure, über vier Meter hohe Spielburg mit Zugbrücke und Flutlicht im Garten des Anwesens »Beckingham Palace«: Ärger machte auch das Hauspersonal: Butler und Haushälterin kündigten kurz vor dem Fest. Man behalf sich mit einem Miet-Butler, der für tausend Pfund am Tag den Kindern beim Auspacken zur Hand ging. Eigentlich war er schon bei der Fernseh-Familie des früheren Rockstars Ozzy Osbourne gebucht. Doch den Beckhams gelang der Coup des Jahres auf dem Butler-Transfermarkt.

## Bewerbungsunterlagen

Wie überall kommt es auch im Fußball manchmal nur auf einen guten Lebenslauf an. So wurde David Adekola 1993 das Schnäppchen der Saison für den FC Bury. In seiner Vita standen ein U-21-Weltmeistertitel mit Nigeria, 16 Länderspiele, 38 Tore in 60 Spielen für Cannes, 20 Tore für den belgischen Erstligisten Charleroi. Warum so einer in die dritte Liga geht? Einer englischen Freundin wegen, hieß es. Aber schon bald war der Wunderknabe wieder weg, ausgeliehen an Exeter, dann weiter herumgereicht in der britischen Fußballprovinz. Doch was aussah wie die Geschichte eines Niedergangs, war nichts als ein schönes Lügenmärchen. 1998 enthüllte eine englische Zeitung, dass weder in Nigeria noch in Cannes, weder in Charleroi noch beim nigerianischen Verband jemals jemand etwas von David Adekola gehört hatte.

## Bodennähe

Rolf Töpperwien, Fußball-Frontmann des ZDF, sprach einst, als sein Held, König Otto I., mit dem Europapokal heimkehrte, den klassischen Satz des Frosch-Journalismus aus, einen Satz, der die Untertanen-Perspektive des Berichterstatters auf den Punkt brachte. Als die Landung von Werder Bremer nach dem Europacup-Sieg der Pokalsieger 1993 live vom Rollfeld in der heute-Sendung übertragen wurde, kommentierte Töpperwien das Ereignis, als wär's die Rückkehr des ersten Menschen auf dem Mond: »In diesem Moment betritt Otto Rehhagel wieder deutschen Boden.«

Ähnlich gebückte Haltung am Mikrofon nahm knapp zehn Jahre später der ARD-Kollege Steffen Simon an, als er beim Länderspiel in Bosnien-Herzegowina Respekt für Oliver Kahn einforderte, der wenige Monate nach seinem Fehlgriff im WM-Finale 2002 nach alter Form suchte. Während seine Stimme ein Pathos annahm, als sollten sich die Zuschauer von ihren Fernsehsesseln erheben, salbte der Jung-Kommentator »den größten Torwart, den dieser Planet je gesehen hat.«
Der Größte? Gab es da nicht Jaschin und Banks, Zamora und Zoff, Schmeichel und Buffon? Gab es da nicht auch Sepp Maier, der sein bestes Spiel machte, als es am Wichtigsten war: das WM-Finale 1974? Kahn aber hat im wichtigsten Spiel seinen schlimmsten Fehler gemacht – so wie Harald Schumacher, der auch der Beste war bei der WM 1986 und dann im Endspiel danebengriff.

## Bombenerfolg

Nicht immer sind Deutsche schuld, wenn es in Schottlands Fußball hapert. Nur manchmal. Unter dem Trainer Vogts hat das Nationalteam immerhin Kanada und Island besiegt, einmal sogar die Holländer 1:0 (ehe man das Rückspiel 0:6 verlor). Die Edinburgh Asians aber hatten noch nie gewonnen. Man male sich die jungfräuliche Vorfreude aus, die das schlechteste Team der schlechtesten Schottenliga 2003 erfüllte, als es nach siebzig Minuten 2:0 führte. Aber dann: Bombenalarm. In Nachbars Garten lag eine deutscheFliegerbombe. Die Bombe: gesprengt. Das Spiel: abgebrochen. Das

Resultat: annulliert.

## Bratwurst

Sie ist der Aufsteiger unter den Beleidigungen am Ball. Eine seltsame Karriere. Denn zunächst einmal handelt es sich bei ihr ja um ein löbliches Produkt, das als Existenzsicherung für den Fleischfabrikanten Uli Hoeneß, als Pausenfüller in Stadien und als Futter für Grillabende in Vereinsheimen unschätzbare Dienste tut. Oder gar als Köder für Kunden. Als sich kurz nach der WM 2006 die Schweiz und Österreich mit einem Vier-Nationen-Turnier in der Schweiz auf das nächste Highlight, die gemeinsame EM 2008 einstimmten, da kamen zum Länderspiel Österreich gegen Costa Rica 270 Zuschauer. So verfiel der Veranstalter auf die Lockwirkung guter Lebensmittel und versprach jedem Besucher der folgenden Partie Österreich gegen Venezuela eine Gratis-Bratwurst. Das brachte eine Steigerung um fast 500 Prozent: auf 1500 Zuschauer.

Die gute Wurst: So beliebt auf den Rängen, so beleidigend wurde sie auf dem Platz. Irgendwann in den 90er Jahren ging es los. »Ihr spielt wie eine Wurst« *(Freiburgs Trainer Volker Finke zu seiner Elf)*. »Blinde Bratwurst« *(Fredi Bobic über Schiedsrichter Kasper)*. »Knien Sie nieder, Sie Bratwurst« *(Bielefelds Trainer Ernst Middendorp zu einem Reporter)*. So wurde sie ein ehrenrühriges Lebensmittel, Teil des Fußballvokabulars bis hinunter in tiefste Amateurklassen. Warum nicht die Bockwurst? Die Currywurst? Die Cervelatwurst? Die brave Bratwurst kann nichts dafür. Sie hätte allen Grund zu einer Geschlechtsumwandlung: zur beleidigten Leberwurst.

## Brehme



Der Mann, der Deutschland 1990 zum letzten WM-Titel schoss, konnte wie kein anderer Nationalspieler beidfüßig schießen. Nur mit dem Zusammenspiel der beiden Hirnhälften klappte es nicht immer wie gewünscht – jedenfalls, sobald ein Mikrofon in der Nähe war. Nach dem Lauterer Abstieg 1996 warnte er noch: »Wir dürfen jetzt nicht den Sand in den Kopf stecken.« Doch es half nicht viel. Mitunter wirkten seine Sätze, während der WM 1998 sogar noch live von Eurosport als Co-Kommentar verbreitet, wie eine Widerlegung des genialen Kleist, nämlich wie die allmähliche Entstehung keiner Gedanken beim Reden.

Legendär: Brehmes »ich sach mal, sach ich mal«. Von funkelnder Sprachkraft: das pointierte Kennerurteil »Die Flanken von außen sind auch Roberto Carlos und Cafù denen ihre Spezialität«. Und unvergessen das Versprechen, das er nach seinem Karriere-Ende 1998 abgab: »Ich will dem Fußball irgendwie, äh, beibehalten bleiben.« Viel Zeit mit der Suche nach dem richtigen Wort zu verplempern, nur weil ein angefangener Satz einen unerwarteten Seitenwechsel vornimmt, war dieses Tatmenschen Sache nie: »Wir hatten viele Verletzte, aber das soll den Sieg der Freiburger in keinster Weise schmeicheln.« Und überhaupt: »Die Brasilianer sind alle technisch serviert.«

Diese Kunst, versandende Sätze dann irgendwie, äh, doch zufertig bringen, unterstrich er auch mit seinem klassischen Expertenurteil: »Von der Einstellung her, äh, stimmt die Einstellung.«

## Bruch im Spiel

26 Schon so mancher Fußballer hat mitten in der Karriere einen Einbruch erlebt. Denn Kicker sind für Panzerknacker ein dankbares Ziel: Man weiß, wann sie garantiert nicht zu Hause sind (wenn sie live in kurzen Hosen durch den Fernseher laufen), und man weiß, dass immer was Schönes zu holen ist (zum Beispiel ein Fernseher). Besonders häuften sich solche Fälle Mitte der 90er Jahre beim deutschen Meister Borussia Dortmund. Damals wurde das Haus von Stürmer Stéphane Chapuisat ausgeräumt (während eines Spiels), das von Verteidiger Julio César (während des Urlaubs), von Trainer Ottmar Hitzfeld (während einer Champions-League-Partie) und von Präsident Gerd Niebaum (während der Meisterfeier). Ob da möglicherweise die Einbrecher bei Niebaum das ganze Borussia-Vermögen gemopst hatten, das er ein paar Jahre später nicht mehr fand? Die Polizei ließ damals verlauten, dass es sich bei den Einbrechern »um Profis« handele. Unter echten BVB-Fans kein Zweifel: Können nur Schalke-Profis gewesen sein.

## Bundesligafrisur



Wunderkind und Weltschmerz, Autobahn und Bratwurst, Bier- und Kindergarten, Kitsch und Gemütlichkeit sind deutsche Wörter, die in aller Welt in fremde Wortschätze vorgedrungen sind. Wenn dem Serben die Sicherung rausfliegt, hat er einen »kurcšlus«. Ist der Handwerker, der ihn behebt, Mazedonier, hat er bestimmt seine »bormašina« dabei. Im Auto bedient der Pole das »szyberdach«, während der Serbe durch die »frontscheibnitza« guckt. In Finnland sind »besserwisser« so unbeliebt wie »hochsztapler« in Polen oder »klugscheisser« in Kanada. In Tschechien schätzt man »sitzflaijsch«, in der Ukraine ein »feijerwerk«, und wenn der Este weg will, geht er ins »reisibüroo«.

Wie aber sieht der deutsche Export-Erfolg in der Fußballsprache aus? Mager. Der Holländer kennt seit Hölzenbein 1974 die »schwalbe«, außerdem den »angstgegner«. Vom Schiedsrichter verlangt er (wie der Engländer auch) »fingerspitzengefuehl«. Warum der Serbe für den Abschlag »hausputz« sagt, können Torhüter, deren Job ja eine Raumpflegetätigkeit ist (das Sauberhalten des Strafraums), auch gut nachvollziehen. Das war's dann aber auch schon. Halt, im Norden findet sich noch was. Das Dänische hat nicht nur ein wunderbar biblisches Wortbild für ein Dribbling zwischen zwei Spielern hindurch (einen »Moses«), sondern auch eine sehr griffige Vokabel für den Proll-Haarschnitt, der hierzulande durch 80er-Jahre-Kicker als »Vokuhila« (vorne kurz, hinten lang) bekannt wurde: »Bundesligafrisur«.

## Bus nach Afrika

Schwarzafrika galt seit Kameruns Auftritt 1990 als Zukunft des Fußballs – auf die man allerdings bis heute wartet. Den Anfang hatte 1974 Zaire (heute: Kongo) erstes schwarzafrikanisches Team bei einer WM: 0:6 Punkte, 0:14 Tore. Beinahe wäre man dennoch nicht mit leeren Händen heimgekehrt. Die deutsche Polizei konnte die Afrikaner gerade noch stoppen, ehe sie mit dem teuren, vom Veranstalter gestellten Teambus über die Grenze waren. Sie dachten, sie könnten ihn behalten.

---

## Cappuccino

Nachdem Lazio Rom 1998 den Stürmer Christian Vieri von Atlético Madrid für die Rekordsumme von 25 Millionen Euro gekauft hatte, erhöhte der Nahrungsmittelkonzern Cirio, der Lazio-Präsident Sergio Cragnotti gehörte, den Milchpreis um 50 Lire pro Liter. Die Fans des Konkurrenten AS Rom erkannten einen Zusammenhang. Aus Wut darüber, dass sie für eine Lazio-Verstärkung gemolken werden sollten, riefen sie einen Cappuccino-Boykott aus, der den Milchverkauf in Rom drückte. Allerdings dauerte der sogenannte »Cappuccino-Krieg« nur ein paar Wochen. Dann durften Romulus und Remus und auch die Milchbubis der Roma wieder an Muttis Brust.

## Chloro-Formschwäche



Damals, als kaum einer hinguckte, war eine Fußball-WM noch so richtig lustig: 1930, das Debüt in Uruguay. Das erste WM-Tor überhaupt, das (durch den Franzosen Lucien Laurent) im Schneetreiben erzielt und im Bordell gefeiert wird. Das letzte Tor des Turniers, das ein Einarmiger schießt (der Uruguayer Hector Castro). Ein Spiel, das der Schiedsrichter nach 84 Minuten abpfeift (Argentinien gegen Frankreich). Ein Elfmeter, der mindestens ein Vierzehnmeter war (und den der Mexikaner Rosas trotzdem verwandelte). Und ein Halbfinale zwischen Argentinien und den USA, bei dem, so die Überlieferung, ein US-Betreuer protestierend auf den Platz rennt, seine Tasche fallen lässt, dabei ein Chloroformfläschchen zerbricht – und in Ohnmacht fällt.

## Costacurta

Meistens ist es mit Ruhm verbunden, wenn ein Name als Sachbegriff verewigt wird: Matthews-Trick, Emmerich-Tor, Fritz-Walter-Wetter. Anders ging es dem Mann, der dem Fußballjargon einen »Costacurta« beschert hat. Der Begriff beschreibt das Verpassen eines großen Finales durch Gelbsperre, wie es etwa dem Argentinier Claudio Caniggia bei der WM 1990 geschah oder Michael Ballack 2002. Beide wurden getoppt vom Namensgeber: Alessandro Costacurta verpasste 1994 gleich zwei Endspiele, Champions League und WM. Die Champions League war zu verschmerzen, er stand viermal mit Milan im Endspiel. Aber die WM … Noch 2006, mit 40 Jahren, spielte Costacurta in der Abwehr des AC Mailand, vielleicht trieb ihn die vage Hoffnung, das Verpasste nachzuholen und mit Italien ein WM-Endspiel zu erreichen. Doch dann stand auf seiner Position ein anderer im Finale in Berlin, und auch der machte sich einen Namen für die Ewigkeit. Denn er machte gegen Zidane einen Materazzi.



## Dampf im Spiel

Wo der ganze Körper aktiv ist, kann auch der Darm nicht ganz träge sein. Meist geschieht das zum Glück auf höchst diskrete Weise. Wie es schon der DDR-Hörfunkreporter Helmut Schulze in einem berühmten Satz über eine berühmte Eiskunstläuferin feinfühlig formulierte: »Gaby Seyferts Röckchen flattert im eigenen Wind.«

Nun, im Männersport Fußball geht es nicht immer so duftig und luftig zu, und über gewisse Rituale in Umkleidekabinen breitet man eher den Mantel des Schweigens oder noch besser die Wirkung eines guten Raumsprays. So sind etwa die Furzwettbewerbe, die der deutsche Torwart Lars Leese beim Premier-League-Aufsteiger Barnsley erlebte, keine englische Spezialität, sondern eine Duftmarke, die in fast allen Kulturkreisen des Fußballs gesetzt werden dürfte. Deshalb ist es zwar nützlich, wenn man einen Torriecher hat. Aber manchmal stört eine allzu feine Nase nur.

Als 2006 der Regionalliga-Spieler Christian Okpalas seinem Mitspieler Sascha Benda von den Stuttgarter Kickers eine runterhaute, erklärte er das so: »Er hat ständig gefurzt.« Weil Benda trotz Warnung weiter Dampf machte, »schlug ich ihm mit der Faust ins Gesicht.« Der Klub suspendierte Okpalas, der aber glaubte den Braten zu riechen und sah darin das Resultat einer geplanten Provokation. »Ich habe das Gefühl, die Kickers wollen mich loswerden, weil ich zu viel verdiene.« Ob das den anderen wirklich gestunken hat? Sicher ist: Sie hatten in Benda einen, der Luft für 90 Minuten hat. 

## Deckungsverhalten

Ruud Gullit vertrieb sich die Zeit als Trainer von Newcastle United in seinem Hotelzimmer gern mit der Kellnerin Lisa Jensen, die hauptberuflich Pizza servierte, privat aber auch andere Dienstleistungen beherrschte. Als er den Job wechseln musste, konnte er englischen Boulevardzeitungen entnehmen, dass die Dame sich über seine Abreise nicht grämte, sondern auch bei anderen Fußballkollegen gut ankam, etwa bei Paul Gascoigne; und dass sie dem langen Holländer im direkten Vergleich einige Defizite im Deckungsverhalten vorzuwerfen hatte. »Ruud had the biggest tackle«, so ihr in seinen Feinheiten leider unübersetzbares Urteil, »but as a lover Gazza was in a different league«. Sie verlor ihren Job in der Pizzeria, dafür durfte sie aber Werbung machen für das Produkt Anasah – eine Brustvergrößerungscreme.

## Debütanten

Jonathan Woodgate, ein englischer Verteidiger, den Real Madrid 2004 für das hübsche Sümmchen von 20 Millionen Euro gekauft hatte, erlebte ein unvergessliches Debüt. Nachdem er die ersten 17 Monate verletzt war, trat er im September 2005 endlich für die »Galaktischen« gegen den Ball. Er schoss ein Eigentor und bekam eine Rote Karte. Beim dritten Einsatz steigerte er sich: wieder ein Eigentor, aber keine Rote Karte mehr. Den größten Teil der restlichen Saison war er dann wieder verletzt, und Real schickte ihn nach England zurück.

32 Hermann Ruländer erging es noch schlechter. Sein Einsatz beim 2:9 von Werder Bremen in Frankfurt 1981 gilt als das schlimmste Torwartdebüt der Bundesligageschichte, obwohl es eigentlich schon sein zweites Spiel war: Eine Woche zuvor war Ruländer für den verletzten Burdenski eingewechselt worden und hatte in der letzten Minute den Kölner Ausgleich kassiert. Im Waldstadion aber stand Ruländer das erste und einzige Mal von Beginn an im Tor. Allerdings nicht bis zum Ende: Beim Stand von 2:7 wurde er in der 78. Minute von Trainer Otto Rehhagel gegen den zweiten Ersatztorwart namens Robert Frese ausgetauscht, und der kassierte (in seinem einzigen Bundesliga-Einsatz) noch zwei Treffer durch Nickel und Cha.

Ruländer wurde nach seinem Debüt, das eine Demütigung war und ihn zum Gespött der Liga machte, nie wieder eingesetzt. Dabei geht es noch schlimmer: Keeper Steve Milton machte 1934 sein Debüt in der dritten englischen Liga für Halifax gegen Stockport – und erhielt 13 Gegentore.

## Derby

**BARCELONA,**
**Espanyol gegen FC:** sechs Rote Karten, spanischer Rekord.
**BIRMINGHAM,**
**Aston Villa gegen City:** Spuckende Spieler, prügelnde Fans.
**SEVILLA,**
**FC gegen Betis:** Hooligan-Attacke auf den Betis-Torwart.
**LIVERPOOL,**
**Everton gegen FC:** Gerrard fällt Naysmith beidfüßig gestreckt.
**MALTA,**
**Valletta gegen Floriana:** Massenkeilerei auf dem Feld.
**GLASGOW,**
**Celtic gegen Rangers:** »Im Hospital«, so eine Krankenschwester, »sah es danach aus wie in Vietnam.«

Sechs Momentaufnahmen allein aus dem Jahr 2003 – sechs Gründe für den 12. Earl of Derby, sich in der Familiengruft umzudrehen.
Als er seinen Namen vor gut 200 Jahren für sportliche Zwecke hergab, erschien das unbedenklich: Es ging um Pferderennen. Bis der Fußball das Wort aufnahm und weltweit exportierte. Von Riga bis Rio heißt das spezielle Spiel, in dem zwei um ein Territorium kämpfen, Derby. In Schottland etwa erzählen Fans von Dundee United die Geschichte des Labour-Abgeordneten, der im Trikot des FC Dundee erwischt wurde: »Die Polizei zog ihm stattdessen Damenwäsche an, um seiner Familie die Demütigung zu ersparen.«
Überall lassen Derbys immer wieder die Sicherungen sonst cooler Profis durchbrennen: etwa bei Jens Lehmann, der für Schalke in Dortmund das erste Feldtor eines Bundesliga-

Torwarts köpfte – und für Dortmund in Schalke vom Platz flog. Von keinem aber wird Michael Sziedat übertroffen. Der Spieler von Eintracht Frankfurt ist der Einzige, der in einer  Bundesligasaison zweimal gegen denselben Gegner vom Platz gestellt wurde: Er sah in beiden Hessen-Derbys gegen Kickers Offenbach in der Spielzeit 1983/84 die Rote Karte.

## Deutsch für Anfänger

Um die Fußballsprache Deutsch bemüht sich auch der Internationale Fußballverband, der bekanntlich in der deutschsprachigen Schweiz sitzt und kurz vor der WM im deutschsprachigen Deutschland folgenden Beitrag zur Sprachpflege in seinem aktuellen Internet-Angebot veröffentlichte: »Und FIFA achtet es, dass das Spiel zu einen vereinheitlichten Regeln gespielt wird, die Gesetze des Spiels, auf der ganzen Erde. Fußballs, der überhaupt Popularität, seinen enormen Anklang besonders zu den jungen Leuten, seine Erweiterung ökonomisch, sozial und sogar politische Bedeutung und, nicht wenige, sein Wert für die Mittel, alle Haltung eine konstante Herausforderung zu FIFA wächst, um die footballing Welt mit aktuellen Informationen zu versehen. Checklisten INFOPLUS FIFAs zielen darauf ab, beide schnellen Antworten zu zur Verfügung zu stellen, das? was? wo? wann? und wie? vom internationalen Fußball und bieten Sie einen kurzen Einblick in vorstand des Fußballs Weltan.«

## Diät

Die artgerechte Fütterung von Fußballern geschieht seit jeher vor allem in Flankenform. Besonders hohen Nährwert hat die Bananenflanke. Der Hamburger Obstlieferant Manfred Kaltz servierte sie dem Endverbraucher Horst Hrubesch Anfang der 80er Jahre in meist wöchentlichen Lieferungen. Der Kollege Lothar Emmerich dagegen hatte andere Früchte bevorzugt: »Gib mich die Kirsche«, forderte er das Dienstpersonal am Seitenflügel auf. Wenn die Lieferung mundgerecht funktionierte, konnte der Gegner nur hoffen, dass der Torwart sich kein Ei einfing. Und rechtzeitig den Braten roch. Erst recht, wenn die Abwehr löchrig war wie ein Schweizer Käse.

Fußball geht durch den Magen. Jedenfalls liebt er kulinarische Sprachbilder. In fast jedem Spielbericht gibt es irgendwas zu essen. Ob es schmeckt, ist eine andere Frage. Hat der Fußballer Pech, macht man ihn zum Vegetarier. Hat er noch mehr Pech, zum Wiederkäuer. »Man muss kämpfen«, mahnte Uwe Seeler einst die HSV-Mannschaft nach einer blamablen Niederlage, »und Gras fressen bis zum Schluss.« Auch Jürgen Friedrich schien als Lauterer Präsident zugleich eine Karriere als Rinderzüchter anzustreben (beides ging daneben): »Wir brauchen wieder Spieler, die Gras fressen. Und wenn es sein muss, rohes.«

## Doppelleben

Linksaußen und Torhüter hätten eine Macke, sagt ein alter Spruch. Kaum einer aber hatte solch eine Macke wie Andy Goram, der 43-mal im Tor der schottischen Nationalelf stand und mit den Glasgow Rangers von 1991 bis 1998 achtmal in Folge den Meistertitel holte. In den frühen Jahren seiner Karriere pflegte er die Sommerpause zu nutzen, um zuerst sein Geld im Casino zu verspielen und dann mit einer Porno-Darstellerin in einem Wohnwagen zu leben. Kurz vor dem schottischen Pokalfinale 1994 strandete er nach einer Sauferei auf Teneriffa ohne Geld, Pass und Kleidung. Ständig hatte er hohe Spielschulden und meistens keinen Führerschein. Zweimal fiel er mit öffentlichen Sympathiebekundungen für IRA-Terroristen auf. Neben Fußball spielte er Cricket und brachte es auch darin zum Nationalspieler.

Später wurde Gorams Hang zum Doppelleben auch medizinisch belegt: Bei ihm wurde eine leichtere Form der Schizophrenie diagnostiziert. Die Rangers-Fans reagierten darauf mit einem ewigen Highlight der an taktlos-genialer Dicht- und Sangeskunst reichen Tradition britischer Fußballstadien. Aus dem klassischen Gesang zur Feier eigener Spieler zur Melodie von »Guantanamera« (»One Andy Goram, there's only one Andy Goram«) machten sie umgehend eine aktuellere Version: »Two Andy Gorams, there's only two Andy Gorams.«

## Doppelt hält besser

Beim Schulaufsatz lernt man, Wörter nicht zu wiederholen. So wurde aus Boris Becker spätestens bei der zweiten Erwähnung »der 17-jährige Leimener« und beim dritten Mal »der jüngste Wimbledon-Sieger aller Zeiten«. Dann durfte man wieder Becker sagen. Im Fußball ist man nicht so vornehm wie im Tennis, da lässt man sich von komischen Stilregeln nicht in Bockshorn jagen. Und hat den Mut, einen Gedanken, wenn man ihn denn hat, entschlossen zu packen – am besten in Doppeldeckung.



**Andreas Brehme:** »Ich sach mal, sach ich mal.«

**Andreas Brehme:** »Von der Einstellung her stimmt die Einstellung.«

**Andreas Brehme:** »Wir haben die Chancenverwertung nicht verwertet.«

**Andreas Brehme:** »Das Unmögliche möglich zu machen wird ein Ding der Unmöglichkeit.«

**Andreas Brehme:** »Haste Scheiße am Fuß, haste Scheiße am Fuß.«

**Aleksandar Ristic:** »Spieler haben scheiße gespielt! Tut mir leid, kann ich nichts für, würde ich auch gerne anders sagen, aber Spieler haben scheiße gespielt! Absolute Scheiße!«

**Berti Vogts:** »Diese Siegermentalität wollen wir auch mental rüberbringen.«

**Andreas Möller:** »Ich hatte vom Feeling her ein gutes Gefühl.«

**Andreas Möller:** »Ich denke, dass man stolz sein kann auf die Leistung von Schalke 04, wegen der Leistung.«

**Andreas Möller:** »Mein Problem ist, dass ich immer sehr

selbstkritisch bin, auch mir selbst gegenüber.«

**Jens Jeremies:** »Wenn es einmal hart auf hart kommt, kommt es meistens ganz hart.«

**José Mourinho:** »Eine Niederlage ist eine Niederlage. Aber es gibt Niederlagen, und es gibt Niederlagen.«

**Carsten Ramelow:** »Gerade zu Hause liegt unsere Heimstärke.«

**Lothar Matthäus:** »Ich hab gleich gemerkt, das ist ein Druckschmerz, wenn man draufdrückt.«

**Manfred Schwabl:** »Wenn's lafft, dann lafft's. Wenn net, dann net. Aber bei uns lafft's.«

**Ludwig Kögl:** «I spui mei Spui.«

**Matthias Sammer:** »Das nächste Spiel ist immer das nächste.«

**Olaf Thon:** »Wir spielen hinten Mann gegen Mann, und ich spiel gegen den Mann.«

**Thomas Linke:** »Vielleicht liegt's an der geistigen Frische, dass Lyon heute geistig frischer war.«

**Erich Ribbeck:** »Dies kann ein Nachteil oder ein Vorteil sein, sowohl für uns als auch für die gegnerische Mannschaft.«

**Mario Basler:** »Ich danke meiner Mutter und meinem Vater und ganz besonders meinen Eltern.«

## Dr. Rooney

Vor der WM 2006 machte der in Bremen lebende Literaturwissenschaftler Dr. Martin Rooney Schlagzeilen in deutschen Medien als »Onkel von Wayne Rooney«. Im Interview wusste er Interessantes nicht nur über den bekannten »Neffen« zu erzählen, auch über die bildende Wirkung des

Fußballs. So habe er seine Deutschkenntnisse nicht nur bei Lessing und Heine, sondern auch im »Kicker« erworben. Bald stellte sich heraus, was sich jeder denken konnte, der schon einmal Angehörige der echten Familie Rooney in ihrem angestammten Biotop, den Kneipen, Boxringen und Stadionkurven der rauesten Liverpooler Arbeiterklasse, erlebt hatte: Der Onkel war gar keiner.



## Drei Punkte

Ein Ferrari ist ein nettes Geschenk, wenn man sich mit der Freundin gutstellen will. So orderte Dragan Stojkovic, Präsident von Roter Stern Belgrad, in Italien einen Flitzer für 200.000 Euro. Um die Sache wenigstens bei Zoll und Finanzamt preiswerter zu gestalten, kam der frühere Nationalspieler auf die Idee, jemanden anderen die Einfuhrpapiere unterzeichnen zu lassen – jemanden mit einer Behinderung, denn das bringt in Serbien Steuervorteile. Die Steuerfahndung schaute sich diese Person genauer an. Und fand heraus, dass da etwas wohl nicht ganz stimmen konnte: Bei der angeblichen Ferrari-Fahrerin handelte sich um eine Blinde.

## Durchgefallen

Den teuersten Verdauungsvorgang der Fußballgeschichte leistete sich Robbie Savage am 20. April 2002. Der walisische Kicker von Leicester City suchte wegen sturzartiger Verflüssigung seiner Darmproduktion kurz vor der Partie gegen Aston Villa eine Toilette. Er war nicht sehr wählerisch und nahm, nein, nicht die Damentoilette, sondern die des Schiedsrichters. Dem stank das aber. Er zeigte den nicht autorisierten Gebrauch seines Lokus höheren Ortes an. Savage erhielt von seinem Klub eine Strafe von 60.000 Pfund.



## Ecken

Eine direkt verwandelte Ecke sichert dem Schützen weniger Ruhm (wegen der meist berechtigten Zufallsvermutung) als dem geschlagenen Torwart Häme (wegen der fast immer berechtigten Unfähigkeitsvermutung). Und keiner verdient sie so sehr wie englische Torhüter. Sechs Gegentore durch direkt verwandelte Ecken verzeichnet die Länderspielbilanz der englischen Nationalelf – und kein einziges Tor, das man selber auf diese Weise erzielt hätte. Die unerbittliche Statistik führt die Torhüter Jack (1929 beim 0:1 in Schottland), Harry (1936 beim 1:2 in Wales) und Merrick (1952 beim 2:2 in Irland) als erste Ecken-Deppen der Nation. Es folgte 1987 Peter Shilton beim 1:3 gegen Deutschland, wobei man allerdings die übernatürliche O-Beinigkeit des Schützen Pierre Littbarski als mildernden Umstand gelten lassen kann.

Keiner aber übertrifft den Großmeister der unterlaufenen Flanke, David Seaman. Seine Schwierigkeiten beim Berechnen ballistischer Kurven hat er vielfach bewiesen, etwa 1995 bei Nayims 45-Meter-Heber, der Arsenal London den Europapokal der Pokalsieger kostete; oder im WM-Viertelfinale 2002 gegen Brasilien, als ihm bei Ronaldinhos Bogenlampe kein Licht aufging. Sie führte auch dazu, dass er gleich zwei

Länderspieltore durch direkt verwandelte Ecken kassierte – Weltrekord. 1992 schlug ihn der Tscheche Chovanec (Endstand 2:2), 2002 der Mazedonier Sakiri (was in der WM-Qualifikation zu einem blamablen 2:2 führte). Dabei leistete sich Sakiri auch noch die definitive Demütigung des Torwarts: Er berichtete, er habe wegen Seamans Schwäche gezielt die Ecke als Torschuss geübt. Da endlich hatte Trainer Eriksson ein Einsehen, und für Seaman hieß es: ab in die Ecke.



## Eigentor

So was kann jedem passieren. Auch Beckenbauer traf ins eigene Tor – einmal gar in zwei Bayern-Spielen hintereinander. Torhüter Sepp Maier fragte vor der nächsten Partie: »Und wer deckt am Sonnabend den Beckenbauer?« Später schaffte der größte deutsche Fußballer etwas noch Exklusiveres: Er schoss in seinem Abschiedsspiel mit Cosmos New York in den USA 1983 ein Eigentor. Ins richtige ließ ihn der Gegner, ein »Team America«, aber auch noch treffen.
Wer weniger prominent ist, muss schon etwas Besonderes hinlegen – eine Serie, ein Kabinettstückchen, eine Kuriosität–, um mit einem Eigentor verewigt zu werden:

- **Pentti Kekkola** schoss in der Saison 1986 gleich fünf Eigentore in Finnland – die Mitspieler schenkten ihm danach einen Kompass.
- **Bobby Williams** feierte ein rundes Jubiläum, als er 1999 ins eigene Netz traf. Es war die 25. Saison in Folge, in der der walisische Vorstopper ein Eigentor schoss.
- **Dieter Pulter** wollte, nachdem der Stuttgarter Willi

Entenmann ein Eigentor vorgelegt hatte, nicht nachstehen. So erzielte der Kaiserslauterer gleich zwei. Sein Team verlor 1:3. Zwei Eigentore desselben Spielers und drei in einer Partie wurden seit jener Debütsaison der Bundesliga (1963/64) nicht überboten.

- **Stan van den Buijs** gelang es allerdings in Belgien, Pulter zu toppen. Bei der 2:3-Niederlage mit Germinal Ekeren gegen Anderlecht 1995 traf er dreimal ins eigene Netz.
- **Chris Nicholl** erzielte beim Spiel von Aston Villa in Leicester 1976 alle vier Tore. Das haben auch schon andere geschafft – aber nicht in einem Spiel, das 2:2 ausging. Zwei Bälle setzte der Nordire per Kopf ins eigene Netz, zwei per Fuß ins gegnerische.
- **Nikolce Noveski** (Mainz 05) versuchte 2005 im Heimspiel gegen Frankfurt vergeblich, Chris Nicholls Rekord einzustellen: Er schaffte nur das 0:1 und das 0:2 (Eigentore) sowie den 1:2-Anschlusstreffer. Aber er stellte einen anderen Rekord auf: Er wurde schnellster Doppel-Eigen-Tor der Bundesligageschichte. Seit Spielbeginn waren gerade einmal 5 Minuten vergangen, als er – 132 Sekunden nach dem 0:1 – das 0:2 machte.
- **Joachim Stadler** schoss das schönste Tor seiner Karriere in die falsche Richtung. In der ersten Minute des Pokalspiels gegen Lautern 1993 lenkte der Gladbacher eine Flanke mit der rechten Hacke von hinten über die linke Schulter aus 14 Metern in den Winkel. Die eigenen Fans feierten ihn dafür ironisch als »Diego, Diego«. Gladbach verlor 2:3.
- **Helmut Winklhofer** schaffte es als Einziger, mit einem Eigentor zum Schützen des »Tores des Monats« gewählt zu werden. Dank seines herrlichen Weitschusses aus 30 Metern ins eigene Netz verloren die Bayern 1985 0:1 in

Uerdingen. Zur Auszeichnung seiner Schützenleistung kam er aber lieber nicht ins Sportschau-Studio.

- **Jürgen Pahl** vertat sich in der Richtung, und so gelang ihm das ungewöhnlichste Eigentor der Bundesliga. 1982, beim 0:3 in Bremen, wollte der Frankfurter Torhüter den Ball abwerfen und überlegte sich das mitten in der Ausholbewegung anders. Doch zu spät: Wie ein Hammerwerfer, der die Kurve nicht kriegt, drehte er sich um 180 Grad, die Kugel entglitt ihm und flog ins eigene Netz. 
- Ähnliche Kunststücke wie Pahl gelangen auch dem Norweger **Bjarte Flem** (1988) und dem Polen **Janusz Jojko** (2006). Als geistiger Urheber des Abwurf-Schleuder-Eigentores gilt aber der Waliser **Gary Sprake**, der das 1967 mit Leeds United an der Anfield Road vormachte. Die für ihren Sangeswitz bekannten Liverpooler Fans reagierten darauf, indem sie während der Partie den Pop-Hit »Careless Hands« anstimmten.
- 149 Eigentore in einem Spiel – dem letzten der Saison – schafften die Spieler des madegassischen Klubs **Stade Olympique L'Emyrne** 2002. Sie protestierten damit gegen einen Elfmeter, der ihnen im Spiel zuvor die Titelchance geraubt hatte. Ohne den Gegner an den Ball zu lassen, schoben sie sich die Kugel unentwegt ins eigene Netz: im Schnitt alle 36,2 Sekunden ein Eigentor, eine echte Leistung. Kapitän Manitranirina Andrianiaina und drei Kollegen mit ähnlich sperrigen Namen wurden für ein Jahr gesperrt.
- Das schmerzhafteste aller Eigentore erzielte **Chris Brass** vom englischen Drittligisten FC Bury in der Saison 2005/06. Er versuchte eine Flanke volley mit dem rechten Fuß vom eigenen Tor wegzuschlagen. Das gelang auch ganz gut. Aber

nur einen knappen Meter weit. Dann krachte die Kugel mitten ins Gesicht des Verteidigers, zerbrach dessen Nase und flog von dort unhaltbar ins eigene Netz.

- Das schwierigste Eigentor gelang **Djimi Traoré**, Verteidiger aus Mali, 2005 mit Liverpool. Beim Pokalspiel in Burnley versuchte er bei einer Hereingabe vors eigene Tor die Klärung mittels Ballstreichel-Pirouette nach Art von Zidane (Sohle links, Sohle rechts, dabei 360 Grad gedreht). Leider tat er das im eigenen Fünfmeterraum, und leider schaffte er nur 270 Grad. Der Außenseiter gewann 1:0, und am Abend erhielt der arme Verteidiger eine SMS vom großen Zidane: »Schöner Versuch, falsche Richtung.« Auch die Fans des eigenen Klubs reagierten. Sie texteten für ihn den alten Disco-Hit der Jacksons »Don't blame it on the Boogie« aktuell um: »Don't blame it on Finnan, don't blame it on Biscan, don't blame it on Hamann, blame it on Traoré! He just can't, he just can't, he just can't control his feet!« (Weil das Leben manchmal gerecht ist, hielt Traoré einmal auch im richtigen Moment den Fuß hin und rettete vier Monate später auf der Torlinie gegen Milan-Star Schewtschenko Liverpool den sensationellen Sieg im Champions-League-Finale.)

Die unglaublichste Eigentorgeschichte aber fand 1994 bei der Karibik-Meisterschaft statt. Dort experimentierte die FIFA mit dem »Golden Goal« – es galt versuchshalber auch bei Gruppenspielen. Für die Tordifferenz in der Tabelle aber zählte es doppelt. In der Vorrundengruppe A gewann Puerto Rico 1:0 gegen Barbados und verlor 0:1 gegen Grenada – Letzteres aber durch Golden Goal, so dass die Tordifferenz 1:2 lautete. Die für Grenada betrug 2:0, so dass ihnen eine knappe Niederlage im letzten Spiel für den Gruppensieg reichen würde, während Barbados einen Sieg mit mindestens zwei Toren Unterschied brauchte. Barbados führte rasch 2:0, doch in der 83. Minute schoss Grenada das wichtige Anschlusstor.



Barbados brauchte nun noch ein Tor, kam aber zu der Überlegung, es sei schlauer, erst das 2:2 zu kassieren, weil man dann 30 weitere Minuten für ein Tor bekäme, das dann ja doppelt zählen würde (also wie ein 4:2). Also musste ein Eigentor her. Als Grenada das mitbekam, merkten sie, dass sie nun beide Tore verteidigen mussten – das eigene, um nicht auszuscheiden, das gegnerische, um nicht in die Verlängerung zu müssen. Kurz vor Ende gelang Barbados der Ausgleich per Eigentor. Nun kapierte Grenada, dass auch sie jetzt ein Eigentor gebrauchen konnten – und zwar noch in der regulären Spielzeit (ein 2:3 reichte ihnen ja). Nun musste Barbados beide Tore verteidigen. Was gelang. In der vierten Minute der Verlängerung schossen sie dann das »Golden Goal« – das sich als Idee spätestens in diesem Moment disqualifiziert hatte, der Fußballwelt aber dennoch von der EM 1996 bis zur WM 2002 zugemutet wurde.

## Eingenickt

Über manche Mannschaften, die eher kalkuliert denn engagiert spielen, sagt man: Die wollen mit Schlafwagenfußball zum Erfolg kommen. Ein gewisser Paul Delzeil nahm das im Februar 2003 aber etwas zu wörtlich. Der Newcastle-Fan zahlte mehr als 500 Euro, um den 3:1-Sieg in der Champions-League-Zwischenrunde in Leverkusen mitzuerleben. Dann aber verbrachte er die neunzig Minuten auf der Tribüne im Tiefschlaf.

## Eintagstrainer

Wer ist der erfolgloseste aller Bundestrainer? Nein, nicht Erich Ribbeck. Sondern Paul Breitner. Denn er war es nur für einen Tag, dann hatte er die Sache vermurkst. »Du, Papa, ein Herr Braun ist dran«, hatte der 17-jährige Max Breitner zu Papa Paul gesagt, damals nach der verkorksten EM 2000, als man beim DFB so verzweifelt einen Nachfolger suchte, dass man beim E-Jugend-Trainer des TSV Brunnthal landete. Der Herr Braun und der Herr Breitner wurden sich einig, dann gab der Herr Breitner prompt ein Zeitungsinterview, was wiederum dem Herrn Braun nicht gefiel. Und so blieb Breitner Nationaltrainer für einen Tag und musste im deutschen Fußball die Planstelle von Max Merkel übernehmen: als Klugscheißer vom Dienst.



## Einwechslung

Unbestritten: Es gibt Einwechslungen, die eine Partie drehen. Manchmal allerdings nicht in die beabsichtigte Richtung. Als Ottmar Hitzfeld im Champions-League-Finale 1999 gegen Manchester United Lothar Matthäus bei 1:0-Führung der Bayern herausnahm und Torsten Fink brachte, der in der Nachspielzeit den Ausgleich durch einen misslungenen Befreiungsschlag einleitete, da nannte das eine englische Zeitung nach dem Sieg von Manchester »einen der schlechtesten Wechsel der Geschichte«.

Ähnlich fiel das weltweite Expertenurteil für Argentiniens Trainer José Pekerman aus, als der im WM-Viertelfinale 2006 bei 1:0-Führung gegen Deutschland seinen Regisseur Riquelme rausnahm und den Renner Cambiasso brachte (worauf Deutschland den Ausgleich schaffte und Cambiasso

im Elfmeterschießen den letzten Ball vergab). Pekerman trat nach dem Spiel zurück, denn manchmal bringen Wechsel nicht die Wende, sondern das Ende.
Noch schneller ging das allerdings bei Llorenc Serra Ferrer, der als Trainer des FC Barcelona in Osasuna 2001 in der Pause Simao und de la Pena einwechselte. Simao erhielt für seine erste Aktion die Rote Karte. De la Pena bekam etwas später seinen Platzverweis, als er es erst im dritten Versuch schaffte, seinen Gegenspieler umzutreten. Auch der Rest der Barca-Starauswahl spielte so, als sähen sie gerne Rot, und nach der 1:3-Niederlage beim Tabellenvorletzten wurde Ferrer entlassen.



## Elfmeter

Beim verschossenen Elfmeter gilt wie beim Eigentor, dass er schon etwas Besonderes darstellen muss, soll er Eingang in die Fußball-Folklore finden. Peinlich schlecht oder in einem peinlich wichtigen Moment oder am besten beides, dann kann man daraus sogar Prominenz gewinnen, ja Kapital schlagen – zumindest in England, wo man das regelmäßige Versagen im Elfmeterschießen selbstironisch verklärt. So verdienten die Elfer-Versager Stuart Pearce und Chris Waddle (beide 1990 im WM-Halbfinale gegen Deutschland) und Gareth Southgate (1996 im EM-Halbfinale gegen Deutschland) gutes Geld mit einer Pizza-Reklame, in der sie mit ihrer eingeschränkten Optik am Elfmeterpunkt kokettierten – später stieß auch David Batty (der 1998 im WM-Achtelfinale gegen Argentinien verschoss) zur Werbekolonne. Der Inhalt: Southgate rennt mit einer Papiertüte über dem Kopf gegen eine Säule; Pearce sagt zu den anderen am Tisch: »Diesmal hat er den Pfosten getroffen.« Bei den vergeigten Elfmeterschießen bei der EM 2004 und der WM 2006, beide gegen Portugal, kamen dann aber so viele Fehlschützen dazu (Beckham, Vassell, Lampard, Gerrard, Carragher), dass sie für den nächsten Werbespot wohl die ganze Pizzeria mieten müssen.



Die folgenden Urheber legendär verschossener Elfmeter konnten kein Kapital daraus schlagen, für sie blieb nur die falsche Art von Ruhm übrig.

- **Michael Kutzop** war einer der sichersten Elferschützen der Bundesliga, ehe er den wichtigsten seiner Karriere hoch an den Pfosten setzte. Es war die vorletzte Minute am vorletzten Spieltag der Bundesligasaison 1986/87, ein Treffer Kutzops hätte den Sieg gegen Bayern und den Titel für Bremen bedeutet. Doch der Schütze zielte zu genau, und Werder vergab noch die Meisterschaft.
- **Martin Palermo** schaffte 1999 ein im internationalen Fußball einmaliges Kunststück. Der argentinische Stürmer verschoss beim 0:3 bei der Copa America gegen Kolumbien 1999 drei Elfmeter.
- **Gary Lineker** versuchte 15 Jahre nach dem Schnibbel-Elfer des Tschechen Antonin Panenka, der sein Team nach dem Fehlschuss von Hoeneß 1976 zum Europameister machte, ein ähnliches Kunststück. Doch der englische Stürmer schaffte im Wembley-Stadion gegen Brasilien statt eines frechen Lupfers nur einen peinlichen Kullerball, für den der Torwart sich nicht mal hinwerfen musste. So verpasste Lineker sein 49. Länderspieltor, mit dem er den englischen Rekord von Bobby Charlton eingestellt hätte.

- Einem gewissen **Paul Flack** gelang die exklusive Kombination von Elfmeter und Eigentor. Der Kapitän des englischen Amateurteams Tap and Spile FC drosch vor Wut über einen Strafstoß gegen sein Team den Ball, ehe ihn ein Gegenspieler schießen konnte, vom Elfmeterpunkt ins eigene Netz. Der Schiedsrichter wertete das als Treffer: »Ich dachte, wenn er so dumm ist, dann gebe ich das Tor.« Tap and Spile verlor 4:5.
- **Frank de Boer** verschoss im EM-Halbfinale 2000 gegen die Italiener gleich zwei Elfmeter. Den ersten in der regulären Spielzeit, genau wie Kluivert, den zweiten im Elfmeterschießen, genau wie Stam und Bosvelt. Mit verschossenen fünf von sechs Elfmetern verballerten die Holländer die Chance, im eigenen Land den Titel zu gewinnen.
- **Wilhelm Tell** drehte sich im Juni 2006 vermutlich im Heldengrabe um, als seine schussschwachen eidgenössischen Nachfahren im WM-Achtelfinale gegen die Ukraine kein Tor in den ersten 90 Minuten schafften, keins in der Verlängerung – und keins im Elfmeterschießen. Barnetta traf die Latte, Streller und Cabanas schoben Torwart Schowkowski Kullerbällchen in die Arme. 0:3 – höher kann man ein Elfmeterschießen nicht verlieren.
- **Die Glasgow Rangers** schafften es sogar einmal, in einem Elfmeterschießen gleich alle fünf Elfmeter zu verschießen – und dennoch als Sieger vom Platz zu gehen. Möglich war das, weil der Schiedsrichter sich mit der Auswärtstorregel im Europapokal verrechnet hatte. Die Schotten hatten im Europapokal der Pokalsieger 1971 das Hinspiel der zweiten Runde gegen Sporting Lissabon 3:2 gewonnen, im Rückspiel stand es nach 90 Minuten 3:2 für die Portugiesen, also Verlängerung. Nach 120 Minuten hieß es 4:3 für Lissabon,

damit war Glasgow wegen der Auswärtstorregel weiter. Doch der Holländer van Ravens ordnete ein Elfmeterschießen an, das Lissabon gewann, weil die Rangers alles verballerten. Natürlich wurde die Zugabe später annulliert, der Schiedsrichter gesperrt, und die Rangers gewannen am Ende der Saison den Europapokal.



- **Chellaston Boys B** war der Name jener Mannschaft, die es schaffte, in einem Elfmeterschießen von 33 Elfmetern genau einen zu verwandeln. Als mildernder Umstand muss angefügt werden, dass es sich um knapp zehnjährige Nachwuchstorjäger handelte. Im Jugendpokalwettbewerb von Derby verlor Chellaston 1998 nach insgesamt 66 Elfmetern und nachdem jeder Spieler sechsmal geschossen hatte, mit 1:2 gegen die Mickleover Lightning Blue Sox. Der Name des bedauernswerten Schiedsrichters ist nicht überliefert, nicht ausgeschlossen wird jedoch, dass er danach psychiatrische Hilfe aufsuchte.

**Ein beliebter Elfmeter-Trick ist der Doppel-Elfer:** Einer läuft an, holt aus, und während der Torwart schon in eine Ecke springt, bremst das Schussbein plötzlich ab, und der Ball wird nur ein, zwei Meter zur Seite geschoben, wo ein von hinten hineingelaufener Kollege ihn aufnimmt und in die leere Ecke schießt. Soweit die Idee, die schon in den 60er Jahren mehrfach beim englischen Klub Plymouth Argyle umgesetzt worden war; oder, noch eleganter, quergelegt und wieder zurückgespielt, wie es schon 1957 die Belgier Rik Coppens und André Pieters beim 8:3 gegen Island taten oder, das bekannteste Beispiel, Johan Cruyff und Jesper Olsen mit Ajax Amsterdam 1982. In all diesen Fällen klappte es.
Dann lief der französische Weltmeister Robert Pires an, es

war Oktober 2005, Arsenal führte sicher gegen Manchester City, Zeit für ein Späßchen. Pires holte aus, stoppte das Schussbein, schwang es leicht nach links, wo wie aus dem Nichts sein Mit-Weltmeister Thierry Henry auftauchte. Aber da, wo er auftauchte, war auch nichts, jedenfalls kein Ball. Der nervöse Pires hatte – wie ein Golfer, der einen Ball »toppt«, so dass er nicht 200 Meter weit fliegt, sondern nur 20 Zentimeter weit rollt – die Kugel nur so eben oben mit den Stollen gekratzt. Der Ball hatte sich minimal bewegt, dann war er wieder in die Kuhle des Elfmeterpunktes gerollt. »Ich habe ihm zwar gesagt, leg ihn mir vor«, sagte Henry, der sich für die peinliche Idee bei den Fans entschuldigte. »Ich habe aber nicht gesagt, dass dabei sein Bein einschlafen soll.«



## Endspiel

Endspiele heißen so, weil sie das Ende eines Wettbewerbs sind. Es gibt sie deshalb nur in Wettbewerben mit K.o.-Modus. Ein Endspiel ist eines, das eine Entscheidung bringt. Das war jedenfalls mal so. Heute hat jede bessere Bundesligasaison reichlich Endspiele. Bayern-Manager Uli Hoeneß verkündete einmal ein »absolutes Endspiel« am 32. Spieltag, der Kölner Trainer Huub Stevens toppte ihn, indem er vom 27. bis 34. Spieltag »nur noch Endspiele« sah, und alle in den Schatten stellte natürlich der Bochumer Kollege Peter Neururer, der 2005 sein erstes »Endspiel« schon am 20. Spieltag erlebte. Doch keiner übertrifft den ARD-Mann Gerhard Delling. Er wusste schon im Oktober 2005, am 9. von 34 Spieltagen, ein »Endspiel« anzukündigen (zwischen Duisburg und Frankfurt). Wo war Netzer? Der sagt ihm doch sonst immer, was er da für einen Unsinn erzählt.

## Entlassen

Nicht jeder Trainer ist so cool wie Barry Fry, den der Präsident des englischen Profiklubs Barnet exakt 20-mal entließ (darunter einmal mit dem Hinweis, er werde ihn nicht nur entlassen, sondern in einem Brückenpfeiler der Autobahn M25 einbetonieren) und der 20-mal einfach weitermachte. Es ist nun mal Teil des Trainerberufs, dass man von seiner eigenen Entlassung eigentlich nicht überrascht werden kann. Manchmal aber vom Zeitpunkt – zum Beispiel:

- Nach dem Gewinn der Champions League (Jupp Heynckes 1998 bei Real Madrid)
- Im Jahr nach dem Meistertitel (Max Merkel 1968 beim 1. FC Nürnberg, der als Meister abstieg)
- An der Tabellenspitze (Branko Zebec 1980 in Hamburg, nachdem er auf der Trainerbank volltrunken weggesackt war)
- Nach einem 2:0-Sieg gegen Bayern München (Willi Entenmann 1993 in Nürnberg)
- Nach sieben Tagen im Amt (Santos Ovejero bei Atletico Madrid, wo er, verteilt auf 5 Etappen, insgesamt 54 Tage Trainer war)
- Am zweiten Bundesliga-Spieltag (Rinus Michels in Köln 1983)
- Nach dem zweiten Turnierspiel (der Pole Henryk Kasperczak als Coach von Tunesien, der Brasilianer Carlos Alberto Parreira als Coach von Saudi-Arabien, beide bei der WM 1998)
- Nach dem ersten Turnierspiel (Äthiopien entließ seinen gesamten Trainerstab nach einem 0:2 gegen Tunesien zum Auftakt der Qualifikation für den Afrika-Cup 1992 – und zog sein Team aus dem Wettbewerb zurück.)
- Am Morgen vor dem ersten Saisonspiel (Sammy Chung,

Coach der Doncaster Rovers, 3. englische Division 1996)

- Vor dem Saisonstart (Joaquin Peiro bei Atletico Madrid, Entlassungsgrund: Dem Präsidenten Jesus Gil y Gil gefiel nicht, wie der Trainer auf dem Mannschaftsfoto aussah)
- Vor der Ernennung (Paul Breitner als voreiliger Bundestrainer 2000 – siehe Stichwort »Eintagstrainer«)



Den originellsten Zeitpunkt für eine Entlassung fand Jean Löring, Präsident des Zweitligisten Fortuna Köln, kurz vor Weihnachten 1999: die Halbzeitpause. Bei 0:2-Pausenrückstand gegen Waldhof Mannheim beendete er die einzige Trainerstation des früheren Torwarts Toni Schumacher mit der klaren Anweisung: »Du hast hier nichts mehr zu sagen, du Wichser!« Endstand nach trainerloser zweiter Halbzeit: 1:5.

## Eriksson

Es sollte eine Revolution werden: Der erste Ausländer als englischer Nationaltrainer. Nach dem 5:1-Erfolg gegen Deutschland in München 2001 erwartete das darbende Mutterland von Sven-Göran Eriksson goldene Jahre, man pries die »beste Spielergeneration« seit 1966, dem einzigen WM-Sieg. Fünfeinhalb Jahre und drei Viertelfinalniederlagen später wurde Bilanz gezogen: Der Vergleich mit Klinsmanns Arbeit, so die »Daily Mail«, ließ »Sven wie einen Amateur aussehen« – England hatte mit dem höchstbezahlten Trainer der Welt keine Frische, keine Ideen, kein Konzept, ja nicht einmal Kondition. Der »Sunday Mirror« rechnete vor, dass man für sein Jahressalär von fünf Millionen Pfund die Trainer aller vier WM-Halbfinalisten, Klinsmann, Lippi, Scolari und Domenech, zusammen hätte bezahlen können. Weit über 30 Millionen Euro hat der Schwede die

Engländer in gut fünf Jahren gekostete. Und er kostete – immerhin, ohne weiteren Schaden anrichten zu können – auch nach der WM weiter: Täglich kassierte der Entlassene über 20.000 Euro, mehr als ein Jahr lang. Kein gerechter Lohn für den Schweden, aber eine gerechte Strafe für die Engländer.



## Eros und Dichtung

Afrika, dunkel lockende Welt! »Ihr Körper und ihr Mund kennt alle Gesten und Gebärden, die Eva schon kannte. Sie liebt leidenschaftlich, mit dem auf Zeugung bedachten Können, das die schwarzen Mütter weiterreichten durch die Dunkelheit der afrikanischen Jahrhunderte. Das ist das schöne Trainerleben!« Ach ja, man hatte sich ja schon immer gedacht, dass mehr dran sein müsse am schönen Trainerleben als Stress mit bescheuerten Präsidenten, verwöhnten Jungmillionären und vorzeitigen Entlassungen. Aber so plastisch-poetisch wie Rudi Gutendorf in seinem Hauptwerk »Ich bin ein bunter Hund« hat es kaum einer beschrieben. Obwohl einige Kicker sich dankenswerterweise ebenfalls daran versucht haben, dem Endkunden die erotische Seite ihres Gewerbes literarisch nahezubringen.

Etwa Stefan Effenberg: »Wir rieben uns die Augen. Das ist doch die Braut aus dem Divi-Markt. Was wollte die denn hier? Sie hieß Petra, und wir machten sofort einen auf Charmeur und luden sie in unsere Wohnung ein. Sie hatte schon zwei Kinder, was Jörg anfangs nicht störte – zumindest nicht, bevor er sie geplättet hatte.« Etwas filigraner formulierte es Bodo Illgner in seinem »fiktiven Tatsachenroman« namens »Alles«: »Langsam öffnete er die Knöpfe meiner Bluse. Mit einem gekonnten Handgriff öffnete er meinen knallroten spitzenbesetzten BH. Den Rest der Kleidung rissen wir uns buchstäblich vom Körper.« Moment mal: Der letzte deutsche Weltmeistertorwart trägt knallrote Spitzen-BHs? »Er nahm den Champagner und ließ etwas davon über meine Brüste fließen, um ihn dann sanft mit der Zunge zu genießen.« Na gut, wir vermuten hier mal zu seinen Gunsten, dass die Passage nicht von Bodo stammt. Sondern von der Co-Autorin Bianca.



## Ersatzbank

Hierbei handelt es sich um einen physikalisch paradoxen Ort: Auf der Bank »schmort« man nämlich, und wenn man runterdarf, muss man sich trotzdem erst einmal »aufwärmen«, an der Außenlinie (offenbar beheizt). Das alles gilt allerdings erst seit Ende der 60er Jahre – vorher gab es keine Ein- und Auswechslungen. So ist es ein hübscher Drehbuchfehler, dass Vater Lubanski in Sönke Wortmanns »Wunder von Bern« einmal die »Ersatzbank« erwähnt – die es 1954 noch nicht gab. Weitere Filmfehler: Helmut Rahn reiste nicht aus Essen-Katernberg, sondern aus Südamerika in die Schweiz. Und das erwähnte Spiel Aachen gegen Essen fand schon im Herbst 1953 statt, die von dort abgeschickte Brieftaube war also rund ein halbes Jahr unterwegs. Aber muss man alles so genau nehmen? Dann wäre ja alles kein Wunder.

## Ersatztorhüter



Die zweithöchste Strafe für einen Ersatztorhüter: nie eingesetzt zu werden. Die höchste Strafe: nur eingesetzt zu werden, damit sich der Stammtorwart nicht blamiert. Heinz Kwiatkowski wurde von Trainer Sepp Herberger genau zweimal bei einer Weltmeisterschaft aufgestellt, beide Male zum Dienst in der Schießbude: 1954 beim 3:8 einer Zweit-Elf in der Vorrunde gegen Ungarn, 1958 beim 3:6 im Spiel um Platz drei gegen die Franzosen. Persönliche WM-Bilanz: zwei Spiele, 14 Gegentore.

Da kann man schon mal durchdrehen, so wie es andere Ersatztorhüter taten: Hans Tilkowski trat 1962 aus Wut, nur die Nummer zwei hinter Wolfgang Fahrian zu sein, die Tür im Trainingslager ein; Uli Stein beschimpfte 1986 aus Groll, dass man ihm Toni Schumacher vorzog, Teamchef Beckenbauer als »Suppenkasper« und wurde heimgeschickt. Etwas in der Art hatte mancher auch 2006 vom degradierten Kahn erwartet, doch der gab ganz den braven Olli, den Mannschaftsmenschen. Übrigens hätte zumindest der Schießbuden-Einsatz 1954 gegen die überragenden Ungarn dem armen Kwiatkowski erspart bleiben können. Doch der eigentlich vorgesehene Turek-Ersatz, Heinz Kubsch, fiel beim Rudern in den Thuner See. Pech? Vielleicht war er auch nur schlau.

## Europa

Arnheim, Krakau, Boavista, Bröndby, Celtic, Sochaux, Groclin Grodisk, Teplice, Dnjepr Dnjepropetrowsk, Lüttich, Schachtjor Donezk, Parma, Alkmaar, ZSKA Sofia, Sevilla, Middlesbrough, Rapid Bukarest, Odense, Nancy, Newcastle, Fenerbahce, Vigo, Espanyol Barcelona – nein, das ist nicht Stadt-Land-Fluß, es ist auch keine Zungenübung für Tagesschau-Sprecher, sondern die Liste der Mannschaften, gegen die die Vertreter der Bundesliga in den Jahren 2002 bis 2007 im UEFA-Pokal gescheitert sind. Kein einziges Mal hat ein deutscher Klub in dieser Zeit das Endspiel erreicht.

---

## Fahrstuhlmannschaften

Das ist ein leider etwas aus der Mode gekommener Begriff, dabei ist der damit beschriebene häufige Wechsel zwischen den Fußball-Etagen immer noch en vogue. Schicker klänge es vielleicht, ebenfalls im gesellschaftlichen Trend der Zeit: Klubs, die sich liften lassen. Bayer Uerdingen etwa stieg fünfmal in die Bundesliga auf – und fünfmal ab. Und war damit lange konkurrenzlos. Doch die anderen haben aufgeschlossen. Der Karlsruher SC stieg fünfmal aus der Bundesliga ab – und fünfmal wieder auf, zuletzt 2007; dazu gab es als Bonus eine Ehrenrunde in der Regionalliga. Den fünften Lift in die Beletage nahm auch der VfL Bochum 2006 – nachdem der Klub in den vorausgegangenen 13 Jahren 8-mal entweder ab- oder aufgestiegen war.

Damit ist das Rennen um den deutschen Fahrstuhlmeister so offen wie nie. Im internationalen Vergleich allerdings müssen die deutschen Lift-Klubs noch viel aufholen. Keiner kommt in dieser Hinsicht vorerst an die Kollegen von Haka Valkeakoski heran. Der finnische Verein mit 2850 Zuschauerplätzen schaffte in der zweiten Hälfte der 90er Jahre folgende originelle Serie: Meister (1995), Absteiger (1996), Aufsteiger (1997), Meister (1998, 1999, 2000).



## Fair-Wechslung

Wenn einer verletzt am Boden liegt, dann verlangt ein sogenanntes ungeschriebenes Gesetz von dem, der den Ball hat, ihn ins Aus zu schießen; und es verlangt vom anderen Team, ihn nach der Behandlungspause wieder zurückzugeben. So geschah es auch in der ersten Runde des englischen Ligapokals 2005 zwischen Yeovil and Plymouth Argyle. Nachdem ein Verteidiger von Plymouth behandelt worden war, spielte Yeovil den Ball zum Gegner zurück: Stürmer Lee Johnson beförderte ihn Richtung Torwart. Er traf ihn aber so gut und der entspannte Torwart stand so weit vor seiner Linie, dass der Ball ins Tor flog. Der Fairplay-Gedanke, hier an der Tücke des runden Objekts gescheitert, bewies danach aber doch noch seine Unverwüstlichkeit: Nach dem Toranstoß ließ Yeovil den Plymouth-Spieler Stevie Crawford ungestört mit dem Ball bis ins Tor laufen und den Ausgleich erzielen. Yeovil siegte am Ende übrigens 3:2.

## Fatty

Schon fast 100 Jahre bevor Roman Abramowitsch seine Rubel beim FC Chelsea in Spieler steckte, wussten sie dort, wie man sich ein Team zusammenkauft. Fetteste Beute war damals Billy Foulke, zwei Meter, drei Zentner. Auf alten Fotos sieht er aus wie die humorfreien Riesen, von denen Dick oder Doof immer eins auf die Glocke bekamen. Kein Wunder, dass er »Fatty« genannt wurde – der schwerste Profi der Fußballgeschichte. Er füllte das Tor. Ein Elfmetertöter war er auch. Damals durfte der Torwart dem Elferschützen noch entgegenspringen. Und ihm kam keiner gern nahe. Gegen Fattys Umgangsformen wirkt Oliver Kahn wie ein Schmusekätzchen: Einmal, so wurde es überliefert, packte er einen Stürmer, der ihn nervte, und steckte ihn kopfüber ins Matschloch am Fünfmeterraum.

Was hätte José Mourinho aus so einem Spieler gemacht! Aber schon damals war Chelsea nicht blöd und ließ sich was einfallen, auf das auch der Psychospieler aus Portugal stolz wäre: Man stellte links und rechts hinter das Tor von Foulke zwei kurzgewachsene Kerle. So sah der Torwart noch viel größer und fürchterlicher aus. Die patente Idee setzte ihren Siegeszug bis ins geistig-politische Leben fort: Umgib dich mit Zwergen, dann glauben die anderen, du seist ein Riese.

So schuf Chelsea etwas Bleibendes, wie es die Herren Mourinho und Abramowitsch mit noch so vielen Titeln nicht schaffen werden. Denn natürlich war das langweilig, nur so neben dem Tor des fetten Foulke zu stehen. Was taten die beiden Kerlchen also, wenn ein Ball vorbeiging? Sie liefen los, ihn zu holen. Das Spiel ging flotter weiter als zuvor. So wurde der Balljunge erfunden.

## Faule Äpfel



Anfang 2006 wurde ein Drahtzieher der Fußball-Korruption verurteilt: zu einer Strafe von 900 »Kilo Äpfeln«. So zumindest klang das in der von ihm selbst erfundenen Gaunersprache. Ivan Hornik, früherer Präsident des tschechischen Erstligaklubs Viktoria Zizkov, erhielt für manipulierte Spiele eine Bewährungsstrafe. Außerdem musste er 900.000 Kronen Strafe zahlen. In von der Polizei mitgehörten Telefongesprächen hatte Hornik verschlüsselte Wörter verwendet – zum Beispiel »ein Kilo Äpfel« für tausend Kronen. Die Geheimsprache der Fußball-Gauner klang so amüsant, zugleich so plump und dumm, dass die Mitschnitte zu großer Popularität gelangten – und sogar als Theaterstück ein Erfolg wurden.

## Faule Ausreden

Die meisten werden von brasilianischen Europa-Profis erfunden, die ausgerechnet im Heimaturlaub während der Winterpause immer wieder durch unglückliche Umstände an einer pünktlichen Rückkehr gehindert werden (wie etwa Edmundo, genannt »Das Tier«, der den AC Florenz vertröstete, dann aber im Fernsehen für alle sichtbar als Trommler beim Karneval in Rio auftrat). Ähnlich elegant auch der Abgang des früheren französischen Weltmeisters Youri Djorkaeff, der sich im Juni 2006 von seinem Klub New York Red Bulls wegen »dringender Familienangelegenheiten« Richtung Europa beurlauben ließ – und dann im Fernsehen zu sehen war, wie er in Frankfurt das französische Team beim WM-Sieg über Brasilien anfeuerte (worauf der Klub die Beurlaubung auf unbegrenzte Zeit ausdehnte). Zumindest sind Edmundo und Djorkaeff mit ihrer Pennäler-Dämlichkeit nicht allein.

- **Rio Ferdinand**, Abwehrstar von Manchester United, begründete nach abrupter Flucht vor einem Dopingfahnder seine folgende tagelange Unerreichbarkeit damit, der Akku seines Mobiltelefons habe geschwächelt. (Ein Kicker ohne Handy? Völlig unglaubwürdig. Acht Monate Sperre.)
- **Enrique Martin**, Trainer des spanischen Drittligisten Legranes, lief auf den Platz und verhinderte per »Notbremse« einen Gegentreffer. Seine Erklärung: Er habe geglaubt, der Spieler, den er foulte, habe abseits gestanden. (Zehn Spiele Sperre.)
- **Torsten Legat**, einstige Nummer zehn von Eintracht Frankfurt und ewige Karikatur des unterbelichteten Kickers, entschuldigte sein Fernbleiben von einem Mannschaftstermin mit dem angeblichen Tod seines Vaters. Den Trauerstrauß des Klubs konnte der überraschte Legat senior persönlich und quicklebendig entgegennehmen.
- Derselbe **Torsten Legat**, inzwischen nach Stuttgart gewechselt, prügelte sich an Silvester mit einem Nachbarn seiner Eltern in Bochum, wurde angezeigt und behauptete, er sei in Stuttgart gewesen. Der VfB bestätigte diese Version wider besseres Wissen – leider war Legat in Bochum von genug Leuten gesehen worden.
- **Alex Ferguson**, Trainer von Manchester United, erklärte eine Niederlage mit den grauen Trikots: Seine Spieler hätten einander nicht gesehen.
- **Alan Pardew**, Trainer des FC Reading, erklärte eine Niederlage mit der Farbe des Balls. Er war gelb.
- **Enzo Bearzot**, Weltmeistertrainer der Italiener von 1982, erklärte Ende September 1985 eine 1:2-Heimniederlage gegen die aus dem bereits frostkalten Oslo angereisten Norweger recht originell damit, es sei für seine Mannschaft

mit ca. 20° C »zu warm« gewesen im abendlichen Lecce.

- **Mohammed Sissoko**, Profi beim FC Valencia, erklärte seine verlängerte Abwesenheit aus Spanien damit, er habe nach einem WM-Qualifikationsspiel mit Mali noch ein Freundschaftsspiel gegen Kenia bestritten (wo man ihn nach 48 Minuten ausgewechselt habe). Tatsächlich war er nicht in Afrika, sondern privat in Paris. Das blieb seinem Klub nicht lang verborgen.
- **Wladimir Fedotow**, Trainer von Spartak Moskau, erklärte das 0:1 gegen Inter Mailand in der Champions League 2006 so: Seine Spieler seien durch die ungewohnte Stadionanreise völlig verunsichert gewesen. Die Straßen waren verstopft, also fuhr das Team mit der Moskauer U-Bahn zum Spiel, »aber so etwas sind meine Spieler nicht gewohnt, und wir hatten Angst, unterwegs einen zu verlieren.« Sie verloren dann zum Glück nur die Punkte, und das kannten sie schon: Auch ohne U-Bahn hatte Spartak 20 Champions-League-Partien nacheinander nicht gewonnen.
- **Wladislaw Waschtschuk** verursachte bei der WM 2006 im Spiel gegen Spanien einen Elfmeter und wurde vom Platz gestellt, sein Team verlor 0:4. Der Ukrainer fand eine Erklärung im Wasser des Templiner Sees: Die Frösche darin hätten unter den Hotelzimmern so laut gequakt, dass die Mannschaft in der Nacht vor dem Spiel kein Auge zugemacht habe.
- **David James** ließ 1997 nach 3:0-Führung des FC Liverpool drei leichte Bälle durch, Newcastle gewann 4:3, und der englische Nationaltorwart ließ auch den Rest der Welt wissen, warum er danebengegriffen hatte: weil er zuvor viele Stunden lang die Computerspiele »Tekkon II« und »Teamraider« gespielt hatte.

- **Gilles de Bilde**, belgischer Nationalspieler, verzichtete einmal auf einen Transfer in England, weil er, so sein damaliger Trainer Paul Jewell, »keinen fand, der sich um seine Hunde kümmerte«. Beim belgischen Drittligisten KVC Willebroek, wo er seine Karriere ausklingen ließ, verpasste er 2006 ein wichtiges Spiel und bekam Ärger mit Trainer und Kollegen. Grund für sein Fehlen: Er betrauerte den Tod seines Hundes.



## Fauler Zauber

Brasilien im Sommer 2006 – aus Magie wird fauler Zauber. Die Selecao schwebt nach Deutschland ein, als wär's keine WM, sondern das Show-Sofa bei »Wetten, dass«. Man will sich ein wenig feiern lassen, um dann en passant das Titel-Abo zu verlängern. Doch mit dem dicken Ronaldo und dem schlappen Ronaldinho läuft nichts; Trainer Parreira traut sich aber nicht, einen der Stars draußen zu lassen, für die Verbands-Sponsor Nike so viel Geld hinlegt, und so fliegen sie im Viertelfinale kläglich raus. Beim Siegtor der Franzosen nach Freistoß von Zidane findet sich auch in der TV-Totalen in einem gedachten Zehn-Meter-Radius um den Torschützen Henry kein einziger Brasilianer. Halt, doch einer, ganz am Rande: Roberto Carlos. Er schaut aber gar nicht hin. Er bindet sich gerade die Schuhe zu.

## Feinschmecker

Fernando D'Ercoli, italienischer Fußballamateur, zeigte 1990 eine der gravierendsten Geschmacksverirrungen des Weltfußballs: Als ihm der Schiedsrichter die Rote Karte entgegenhielt, nahm er sie ihm weg. Und aß sie auf.



## Feuer, bitte!

Vor dem Traum von der großen Karriere steht das Probetraining. Dort sollte der Profi in spe bleibenden Eindruck hinterlassen. Nicht uneingeschränkt zu empfehlen ist allerdings die Methode, mit der das Außenverteidiger Francesco Coco Anfang 2007 bei Manchester City tat. Laut einem Bericht des *»Sunday Mirror«* erschien der frühere italienische Nationalspieler auf dem Trainingsgelände des englischen Premier-League-Klubs mit einer Zigarette im Mundwinkel. Man könnte sagen: Er hat eine Duftmarke gesetzt. Und ab zum nächsten Probetraining.

## Finger weg!

Jean-Marie Pfaff bleibt unvergesslich durch ein Tor, das er nur deshalb kassierte, weil er es zu verhindern versuchte. Gleich in seinem ersten Spiel für die Bayern 1982 machte der belgische Torwart einen weiten Einwurf des Bremers Uwe Reinders zum Treffer, weil er den Ball noch mit den Fingern touchierte. Hätte Pfaff ihn unberührt hineingelassen, es hätte Abstoß für die Bayern gegeben. Bremen gewann 1:0. Später waren die Bayern allerdings Profiteure beim ebenso berufstypischen Zupack-Reflex eines anderen Torwarts, der offenbar einfach nicht die Finger vom Ball lassen konnte – es war der HSV-Ersatzmann Mathias Schober, der in der Nachspielzeit des letzten Ligaspieltags 2001 einen Rückpass aufnahm und so den 0:1 zurückliegenden Bayern eine letzte Titelchance schenkte. Andersson verwandelte den Freistoß, und Tausende schon feiernde Schalker mussten die Finger wieder wegnehmen von der Meisterschale.



## Fingerspitzengefühl

Dieses schöne, sperrige deutsche Wort kennt man in fast aller Fußballwelt, dann aber ohne die Pünktchen über dem u. Die FIFA erhob es gar zum Stil-Vorbild für ihre 36 WM-Schiedsrichter 2006. Worauf es ankommt, hat einmal der Kölner Profi Marco Reich ausgedrückt. Er bat den Schiedsrichter, auf seinen neuverpflichteten Mitspieler Rigobert Song ein Auge zu haben: »Herr Merk, wir haben einen Mörder verpflichtet. Da müssen Sie etwas Fingerspitzengefühl zeigen.«

## Flutsch und weg

Dan Lewis griff nicht nur beim Ball daneben, sondern auch bei der Trikotwahl. Dass beides zusammenhing, davon waren die Verantwortlichen von Arsenal London überzeugt, nachdem das englische Pokalfinale 1927 gegen Cardiff verloren worden war – beim entscheidenden Gegentor war der nasse Ball unter dem Körper von Torwart Lewis durchgerutscht. Der hatte ein brandneues Trikot getragen, und der glatte Stoff soll die entscheidende Rolle beim Gegentor gespielt haben. Jahrelang durften die Torhüter des FC Arsenal danach nur noch Trikots tragen, die zuvor gewaschen worden waren.

## Fremdsprachen



Einmal sollte Reinhard Libuda, genannt Stan, für ein Europapokal-Auswärtsspiel ein wenig Englisch lernen. »Libuda, what is your position in our team«, schrieb Trainer Rudi Gutendorf auf die Tafel. Stan sollte antworten: »I'm on the right wing.« Beim Spiel selber soll er sich trotzdem verbal verdribbelt haben: »I'm the white ring.« Aber an der englischen Fußballsprache sind schon ganz andere gescheitert, zum Beispiel jene finnische Zeitung, deren Reporter das Originalzitat »Rush an' Hughes are some of the best attackers in the world« mit der folgenden, inhaltlich recht überraschenden Feststellung übersetzte: Russische Juden sind mit die besten Stürmer der Welt.

Der größte Heiterkeitserfolg, der je einem deutschen Nationalspieler im fremdsprachigen Ausland gelang, ist jedoch das Verdienst von Franco Foda. Auf den Rängen des Maracana-Stadions in Rio de Janeiro kriegten sich Tausende kaum noch ein, als der Stadionsprecher beim Länderspiel 1987 in der deutschen Aufstellung dessen Namen vorlas. Foda konnte sich den Lacherfolg seines Namens nicht recht erklären, bis es ihm einer übersetzte. Franco Foda heißt auf Portugiesisch: Ficken umsonst.

## Friendly Fire

David Batty und Graeme Le Saux lieferten sich 1995 eine Schlägerei, was an sich nichts Ungewöhnliches ist unter englischen Profis – allerdings taten sie das erstens auf dem Spielfeld und zweitens im Trikot derselben Mannschaft. Nach nur vier Minuten des Champions-League-Spiels der

Blackburn Rovers bei Spartak Moskau fielen die beiden Teamkollegen bei zehn Grad minus zur Überraschung der Zuschauer und des Schiedsrichters übereinander her. Erst drei Teamkameraden konnten die Faustkämpfer trennen. Am Ende stand es 0:3, und Blackburn scheiterte als der bis heute schwächste englische Meister seit Einführung der Champions League. Eine vom boxerischen Gehalt noch knackigere Einlage gaben Lee Bowyer und Kieron Dyer, beide von Newcastle United, die 2005 beim Spiel gegen Aston Villa aufeinander losgingen – Bowyer erhielt die Rekordstrafe von 250.000 Pfund.



In unteren Ligen kommt man sich meistens eher unfreiwillig in die Quere. Eine der folgenschwersten Kollisionen zweier Mannschaftskollegen erlebten Torwart Jonathan Brain und Abwehrspieler Andrew Teague, beide vom FC Macclesfield, 2006 in der dritten englischen Liga. Im Spiel gegen Stockport krachten sie so böse ineinander, dass beide Beinbrüche erlitten und für die ganze Saison ausfielen. Zudem ermöglichte der Crash es dem gegnerischen Stürmer Adam Proudlock, allein mit dem Ball ins Tor zu laufen und Macclesfield den ersehnten ersten Saisonsieg zu stehlen.

Eine kuriose Variante boten 2006 zwei Brasilianer namens Igor und Bechara im Trikot von Fortaleza bei einem Freistoßtrick. Wie das häufig probiert wird, um den Gegner zu verwirren, liefen beide aus unterschiedlichen Richtungen gleichzeitig auf den Ball zu – wobei normalerweise einer nur fintiert und der andere schießt. Igor und Bechara schossen aber beide. Sie versuchten es zumindest. Resultat: Beinbruch bei Igor.

Aber auch Fans sind vor Angriffen aus der falschen, nämlich der eigenen Richtung nicht gefeit. Die britische National

Criminal Intelligence Service (NCIS) hielt das ungewöhnliche Randgeschehen der Drittligapartie Bristol City gegen FC Millwall 2001 folgendermaßen fest: »Um 6.45 Uhr wurden die Millwall-Anhänger von der Polizei zum Stadion eskortiert. Als sie ein Lokal passierten, kam eine Gruppe von 30 bis 40 Männern heraus, Flaschen und Gläser wurden geworfen und ein Fenster des Pubs zerstört. Nach einer Weile wurde klar, dass beide Gruppen aus Millwall waren und beide glaubten, die anderen seien City-Anhänger.« Der Fußballkenner sagt in solchen Fällen: Die können sich nur selber schlagen.



## Frühe Führung

Die wünscht sich jeder Trainer, aber nicht immer hilft's. Courage Colts, eine C-Jugend-Mannschaft aus der englischen Provinz Kent, ging 1976 in einem Spiel gegen den FC Midas 1:0 in Führung. So etwas hat vielen Teams schon zum Erfolg gereicht, aber hier nicht ganz, wie Graham Sharpe in »The Book of Bizarre Football« festhielt. Während die Colts eine Ladehemmung bekamen, geriet dem FC Midas sozusagen alles zu Gold. Das Spiel endete 1:59.

## Fundsache

Der weichgespülte Fußball von heute, in dem man niemandem mehr ungestraft von hinten in die Beine treten kann, er böte keinen Lebensraum für Profis wie Norman Hunter, genannt »Chopper« (Schlitzer). Der Spieler von Leeds United war Anfang der 70er Jahre, als Stürmer noch nicht unter Naturschutz standen, einer der legendären »harten Männer«

des englischen Fußballs. Legendär wurde auch der Dialog zwischen seiner Mutter und ihrer Nachbarin. Die Mutter: »Norman ist gestern mit einem schlimmen Bein nach Hause gekommen.« Darauf die Nachbarin: »Hat er gesagt, wem es gehört?«



## Fußball 2000

Die Frankfurter Eintracht spielte im Herbst 1993 schon den »Fußball 2000«. Sie startete mit 20:2 Punkten und stand nach 15 Spieltagen mit 24:6 Punkten vorzeitig als »Herbstmeister« fest. Im folgenden Mai aber hatte die »Diva vom Main« wieder keinen offiziellen Titel gewonnen, nur den höchst inoffiziellen des am Saisonende schlechtesten Herbstmeisters der Bundesligageschichte. Statistisch gesehen werden rund zwei Drittel der Teams, die zur Saison-Halbzeit vorne stehen, am Ende Meister. Die Eintracht wurde nur Fünfter. (Ein Jahr später kam noch eine Rekord-Fehlleistung dazu: Sie scheiterte als erste deutsche Mannschaft im Europapokal an einer österreichischen, an Casino Salzburg im UEFA-Cup.) Man kann es aber auch, wie immer, von der positiven Seite sehen: den »Fußball 2000« als Polster gegen den Abstieg. Denn die 14:24 Punkte, die die Frankfurter in den 19 Spielen holten, seit sie vorzeitig als Halbzeitmeister feststanden, wären sonst eine Fahrkarte in die Zweite Liga gewesen. Die lösten sie dann erst zwei Jahre später.

## Gabelbieger

Früher hat Uri Geller im deutschen Fernsehen Besteckteile auf telepathische Weise verformt. Später will der aus Israel stammende Parapsychologe der CIA geholfen haben. Und auch im Fußball soll sein Wirken Spuren hinterlassen haben. Dass die Serie von 29 sieglosen Spielen in London für Newcastle 2001 zu Ende ging, erreichte Geller nach eigener Aussage, indem er durch elfmaliges Umrunden des Highbury-Stadions so viel »psychische Energie« erzeugte, dass Arsenal-Profi Ray Parlour vom Platz flog. Bei der EM 1996 will Geller beim Elfmeter, den der Schotte McAllister gegen England verschoss, durch geheime Kräfte den Ball kurz vor der Ausführung bewegt haben – überdies hätten den Gastgebern die Kristalle geholfen, die er vor jedem Spiel hinter den beiden Toren des Wembley-Stadions vergrub. So kam England bis ins Halbfinale. Dann aber war Schluss, weil Berti Vogts das Stadion fürs Geheimtraining hatte absperren lassen und Geller nicht reinkam – ja, der gute Berti, er wusste schon immer, wie man Fußballzauber verhindert.

Danach engagierte sich Geller im englischen Liga-Fußball und wurde Vorstand von Exeter City. Er schaffte es sogar, Michael Jackson zum Ehrendirektor des Klubs zu ernennen und den Popstar zu einem Besuch in Südwestengland zu bewegen. Auch Dave Prowse, den Darsteller von »Darth Vader« in »Star Wars«, holte er in den Vorstand und sah darin einen »psychologischen Gewinn: Stell dir vor, du gehst auf den Platz und weißt: Darth Vader schaut dir zu!« Die Vorstellung verfehlte ihre Wirkung offenbar nicht – bei den eigenen Spielern jedenfalls: Als 23. von 24 Klubs der Third

Division und damit als zweitschlechtester der 92 englischen Profiklubs stieg Exeter City 2003 nach 73 Jahren Profifußball in die Amateurklasse ab.

## Gascoigne



George Best beschrieb ihn so: »Er ist George Best ohne Hirn.« Paul Gascoigne ist der größte denkbare Kollateralschaden des Fußballs. Gascoigne …

… zerlegte Hotelzimmer, ja ganze Hotelflügel
… fuhr einen Teambus zu Schrott
… badete mit Kumpels nackt im Hotelteich
… schoss einem Mann beim Schäferstündchen mit dem Luftgewehr auf den nackten Hintern
… rülpste in eine laufende TV-Kamera
… entrichtete seine Urinprobe nicht ins Doping-Töpfchen, sondern auf den schlafenden Glasgow-Rangers-Kollegen Richard Gough
… servierte seinem Vater und seinem größten Saufkumpan Jimmy »Five Bellies« (»fünf Bäuche«) traditionelle »mince pies«, Hackfleisch-Küchlein, deren Inhalt er aber in Abweichung vom Originalrezept gegen Katzenscheiße ausgetauscht hatte
… schlief volltrunken auf der Toilette ein, die Hand auf der Heizung – am Morgen war sie voller Brandblasen
… und soff sich nach und nach um den (überschaubaren) Verstand, der ihm einst mitgegeben worden war.

Das war lustig. Und tragisch – für ihn und für Englands Fußball, denn so einen Ballkünstler im Mittelfeld hatten sie dort seit Jahrzehnten nicht. Er hätte überall spielen können.

Am Ende, nach dem x-ten Exzess und der x-ten Entziehungskur, spielte er in der halben Welt vor, nur um irgendwie unterzukommen – und fiel durch bei Erstligaklubs auf vier Kontinenten. Man las seinen Namen in Verbindung mit immer komischeren Adressen zwischen Sibirien, Schwarzmeer und St. Pauli.



Irgendwann landete er in China, zweite Liga, am Rande der Wüste Gobi: in Lanzhou am Gelben Fluss, drei Millionen Menschen, 1998 zur schmutzigsten Stadt der Welt erklärt. Es war auch eine Flucht vor den Detektiven der Ex-Frau, die um den Monatsunterhalt von 10.000 Pfund für sich und den Sohn fürchtete. Und wohl auch eine vor sich selber, vor dem »kleinen Mann in meinem Kopf, der mir immer sagt: Nimm einen Drink«.

## Gedönsheimer

Manche Namen kann man sich einfach gut merken. Etwa den jenes Schiedsrichters, der das englische Pokalfinale 1888 leitete: ein Herr namens Bastard. (Manche nennen Schiedsrichter deshalb immer noch so.)

Der Fußballklub Lincoln City führte in der Saison 1958/59 den Verteidiger Ray Long und den Stürmer Joe Short im Kader. Und die hießen nicht nur so. Long maß 1,91 Meter, Short 1,57. So was kann man sich in der Regel leichter merken als deutsche Fußballernamen. Die heißen schon mal Derbfuß oder Kunstwadl, Geschlecht oder Schweinsteiger, Olaidotter oder Oleknavicius, Störzenhofecker oder Pommerenke. Auch bei den zwischenzeitlich zahllosen Wili-Endungen der Georgier des SC Freiburg, zu denen sich dann einmal auch noch ein Deutscher (nach-)namens Willi gesellte, verlor man manchmal den Überblick oder wenigstens die Zungenfertigkeit – derzeit gibt es in Georgien übrigens einen torgefährlichen Junioren-Nationalspieler, der selbst für Freiburg-Fans eine harte Nuss darstellen könnte: Er heißt Rati Tsinamdzgvrishwili.

Gerade die Sperrigkeit von Buchstabenfolgen kann aber auch eine Verbundenheit mit dem namenlosen Publikum bewirken. So künden die Zungenbrecher Kwiatkowski, Kapitulski, Schiebrowski, Michallek, Kelbassa, Niepiklo – sechs der elf Namen aus Borussia Dortmunds Meisterteam von 1956 und 1957 – von einer reviernahen Erdverbundenheit, die dem Fußball seither ein wenig abhandengekommen ist.

Doppelnamen bei Fußballern kommen weniger volksnah rüber, und vielleicht deshalb haben sie es so schwer, einen Stammplatz zu erkämpfen. Als Bayer Leverkusen in der Champions League den 18-jährigen Amateur Jan-Ingwer Callsen-Bracker einwechselte, sprengte dessen Name das Zeilenmaß im Statistikteil schmalspaltiger Boulevardblätter. Selbst im offiziellen Spielberichtsbogen fand er sich fehlerhaft wieder. Und nicht mal Manager Reiner Calmund konnte sich den Nachwuchsmann richtig merken. Er taufte ihn kurzerhand um: in Callsen-Gedönsheimer-Schmallenberg.

## Geheimsprache

Eine der berühmtesten Sturmreihen der Geschichte, die »macchina« von River Plate Buenos Aires in den 40er Jahren, verständigte sich quasi blind: mit einem System einstudierte Pfiffe. Sechzig Jahre später versuchte es Paraguays Nationalteam mit einer anderen Form von Geheimsprache. Um in ihrem WM-Auftaktspiel 2006 gegen die Engländer nicht von David Beckham und Michael Owen verstanden zu werden, die bei Real Madrid Spanisch gelernt hatten, verständigten sich die Südamerikaner in Guarani, der Sprache des einfachen Volkes in Paraguay, die auf die indianische Urbevölkerung zurückgeht. »La vacalildo« riefen sie also für: »Schneller abspielen«, »Epivoyi!« für »Härter rangehen!«, oder »Echutaly!« für »Schießen!« Doch dann lenkte Gamarra einen Beckham-Freistoß ins eigene Tor, die schwachen Engländer gewannen 1:0 und verstanden nicht einmal, warum. Das ist im Fußball manchmal die beste Methode: nichts kapieren.

## Geistesblitz

John Gregory, Boss des englischen Premier-League-Klubs Aston Villa, hatte 1999 die elektrisierende Idee, wie die Probleme des modernen Fußballs gelöst werden können: »Schiedsrichter sollten an eine Reihe von Elektroden angeschlossen werden, und man sollte ihnen erlauben, drei Fehlentscheidungen zu treffen, ehe man 50.000 Volt durch ihre Genitalien jagt.«

## Gelbe Karten

Eine Verwarnung ist immer blöd. Manche aber sind noch blöder. Die originellsten Gelb-Gründe:



- **Bodenturnen:** Joonas Kolkka (Crystal Palace) warf sich 2005 beim Spiel in Liverpool dem Schiedsrichter vor die Füße und wälzte sich theatralisch herum – um die Fallfreudigkeit seines Gegenspielers Milan Baros zu parodieren. Der Finne bekam Gelb und Liverpool einen Freistoß, den Baros verwandelte. Palace verlor 2:3.
- **Erste Hilfe:** Neil Lennon (Leicester) verließ das Feld gegen Coventry, als bei einer Spielerkollision an der Außenlinie der Schiedsrichter-Assistent verletzt worden war, ging zum Bereich für die behinderten Zuschauer und holte einen leeren Rollstuhl für den Linienrichter (1999).
- **Mobilität:** Ramon Quiroga, der peruanische Torwart, den sie »El Loco« nannten, war ein Seelenverwandter von Kollegen wie Radenkovic oder Higuita, die es vor Reiselust manchmal nicht in ihrem Strafraum hielt. Doch nur er schaffte das Kunststück, für ein Foul in der gegnerischen Hälfte verwarnt zu werden – er fällte den polnischen Stürmer Lato bei der WM 1978 jenseits der Mittellinie.
- **Gelb für Gelbzeigen:** Serienmeister Glasgow Rangers strebte 1995 einem lockeren 7:0-Sieg gegen Hibernian entgegen, da verlor der Schiedsrichter seine Gelbe Karte aus der Hosentasche. Paul Gascoigne hob sie auf und zeigte sie ihm mit hochgestrecktem Arm und breitem Grinsen. Der Schiedsrichter zeigte sie zurück. (Der gute Gazza machte es den Unparteiischen aber auch nicht immer leicht, ihre Autorität zu wahren. Einmal, als ein anderer Schiedsrichter den Arm hob, um einen Freistoß anzuzeigen, schnüffelte

Gascoigne an dessen Armbeuge – um zu testen, ob das Deo versagt hatte.)

- **Trinken:** WM 1982, Ungarn gegen El Salvador, ein Spiel mit dem originellen Endergebnis von 10:1. Mindestens ebenso originell der Grund der Verwarnung für je einen Spieler der beiden Teams: Sie hatten es gewagt, am Spielfeldrand Wasser zu trinken.



- **Finger weg:** Paulo Diogo (Servette Genf) schoss 2004 das 4:1 gegen Schaffhausen, dann kletterte der Portugiese einen Zaun hoch, um mit den Fans zu feiern. Dabei blieb er mit seinem Ehering in einem Zacken des Zauns hängen. Er riss sich beim Runterspringen den Ringfinger ab. Gelbe Karte. (Die FIFA verbot daraufhin das Tragen jeglichen Schmucks auf dem Fußballplatz. Deshalb musste zum Beispiel Damian Mori Ende 2005 auf einen Einsatz für Perth Glory in der australischen Liga verzichten – er bekam, obwohl der Schiedsrichter den Anstoß bereits verzögert hatte, seinen Ehering nicht mehr vom Finger.)
- **Schneemannbauen:** Harry Sharratt (Bishop Auckland), bester Amateur-Torwart Englands, war im Hauptberuf Mathematiklehrer. Anders als Profis nutzte er Angriffe der eigenen Mannschaft gern dazu, nützliche Dinge zu tun, etwa Zeitung zu lesen. Manchmal setzte er sich auch auf die Querlatte, um das Spiel besser verfolgen zu können. An einem Zweiten Weihnachtstag in den 50er Jahren vertrieb sich der durch den Gegner unbeschäftigte Sharratt die Zeit, indem er neben seinem Tor einen Schneemann baute. Lächerlicherweise bekam er dafür eine Verwarnung – dabei hätte sie der Schneemann bekommen müssen.

- **Blasmusik:** Liam Daish, Kapitän von Birmingham City, hatte gerade das 4:0 gegen Chester erzielt, da warf ein Fan eine Spielzeugtrompete zu den jubelnden Spielern. Daish hob sie auf und begann darauf zu spielen. Der Schiedsrichter erwies sich als unmusikalisch.
- **Jazz:** Victor Kasule, schottisch-ugandischer Stürmer der 90er Jahre, auch »Vodka Vic« genannt, wurde bei einem 2:1-Sieg mit Shrewsbury Town bei Crystal Palace vom Schiedsrichter ermahnt, das Spiel nicht zu verzögern. Kasule empfahl ihm, cool zu bleiben. Und begann, um den Schiri locker zu machen, einen Song von George Benson zu singen: »Give me the Night«. Er gab ihm aber nur Gelb.
- **Zeitspiel:** Das ist an sich kein ungewöhnlicher Verwarnungsgrund, allerdings ist er es, wenn das Zeitspiel schon nach fünf Spielminuten mit Gelb bestraft wird – so ging es dem norwegischen Torwart Per Haftorsen 1972 beim 0:9 in Holland.
- **Ballwegschlagen:** Eigentlich auch nichts Besonderes im Gelb-Katalog. Aber wenn man es so macht wie Mwepu Ilunga bei der WM 1974, dann doch: Bei 0:3-Rückstand gegen Brasilien wartete der Mann aus Zaire in der Mauer, während die Brasilianer um den Ball standen und über die Freistoßvariante ihrer Wahl palaverten. Da rannte Ilunga plötzlich aus der Mauer und trat den Ball 50 Meter weit weg in die andere Hälfte.
- **Juventus:** Eine der elegantesten Methoden, die »Lucky« Luciano Moggi in seinem mafiösen System zur Titelproduktion von Juventus Turin erfand, bestand darin, nicht nur den Schiedsrichter für das Spiel von Juventus selbst zu be- und entsprechend einzustimmen, sondern auch den für das Spiel des folgenden Juventus-Gegners. Waren dabei

wichtige Spieler nur eine Gelbe Karte von einer Sperre für das Duell mit Juventus entfernt – Moggi und sein pfeifender Handlanger besorgten sie ihm.

- **Kleiderspende:** Sergej Kiriakow (Karlsruher SC) hatte einmal die Nase voll von den Avancen eines lästigen Verteidigers. In einem Pokalspiel beim Amateurklub Sandhausen dribbelte der Russe sich Richtung Tor, da packte ihn der Gegenspieler am Trikot, zerrte es, dass es fast zerriss. Kiriakow drehte sich um, zog sich das Hemd aus und gab es dem anderen. Er bekam dafür die Gelbe Karte, und weil es die zweite war, seinen Marschbefehl.
- **Tricks:** Robinho, später bei Real Madrid, erhielt als Wunderkind beim FC Santos eine Gelbe Karte, weil er nach Ansicht des Schiedsrichters die gegnerischen Verteidiger mit zu vielen Übersteigern provoziert hatte. (Ebenfalls in Brasilien erhielt 2002 der Stürmer Jaba von Coritiba Gelb, weil er zu viel fintiert und getrickst hatte.)
- **Zungenkuss:** Andy Morrison, Manchester City, zeigte eine Zungenfertigkeit, die selbst Oliver Kahns legendäre sauglippenartige Annäherung an den Dortmunder Stürmer Heiko Herrlich als harmloses Petting erscheinen ließ. Im Spiel gegen Fulham 1999 steckte er seine Zunge in den Mund seines Gegenspielers Stan Collymore; und das ungefragt. Weil der Austausch von Unfreundlichkeiten auf dem Fußballplatz mitunter erwünscht ist, nicht aber der von Körperflüssigkeiten, gab's Gelb-Rot.

## Gepflegte Gastlichkeit

Anthropologen erklären Heimstärke vor allem mit dem erhöhten Ausstoß von Testosteron beim Verteidigen des heimischen Reviers. Es gibt aber auch andere Erklärungsmuster. Auswärtsreisen zum FC Wimbledon etwa waren in den 80er und 90er Jahren nicht nur wegen der legendären »Crazy Gang« mit dem Ober-Rabauken Vinnie Jones äußerst unbeliebt, sondern auch wegen des eher kargen Charmes der Nasszellen in der Gäste-Kabine im Stadion von Wimbledon. Dort gab es (im Gegensatz zur Heim-Kabine) keine Heizung, an den Wänden klebte Schimmel, manchmal auch eine böse Grußbotschaft als Graffiti, eigenhändig ausgeführt von Klub-Eigner Sam Hammam. Und nie, so recherchierte die Zeitschrift »FourFourTwo«, vergaß man, den Gästen vor deren Ankunft »ein frisch gelegtes Willkommensgeschenk« zu hinterlassen. Da kann man sich gut vorstellen, wie gleich Stunk im Team war, und wie es hieß: Spül doch ab, du Blödmann.



## Gijon

Es war der peinlichste aller deutschen Siege, peinlicher als jede Niederlage, peinlicher auch als das 0:0 in Albanien in der EM-Qualifikation 1967, mit dem Deutschland zum ersten und bisher letzten Mal in der Qualifikation für eine Welt- oder Europameisterschaft scheiterte. Bundestrainer Jupp Derwall sah tatenlos zu, wie seine Elf im »Nichtangriffspakt« von Gijon 1982 Fußball mit Nichtstun verwechselte und den Ruf des deutschen Fußballs beschädigte. Als Deutsche und Österreicher rasch ihr Wunschresultat von 1:0 erreicht hatten, das beiden in die WM-Zwischenrunde weiterhalf, boten sie die ödesten 80 Minuten der Geschichte. Die dabei ausgebooteten Algerier wedelten auf der Tribüne sarkastisch mit Geldscheinen. Nach dieser laut Hans Blickensdörfer größten »Hanswurst-Kickerei« der WM-Geschichte schrieb die spanische Zeitung El Pais: »Es fehlte nur noch, dass sie sich küssten.« Doch ganz exklusiv hatten die verschwägerten Nachbarn diese Erfindung nicht. Auch die sozialistischen Brüder aus der Sowjetunion und der DDR einigten sich im Spiel um Platz drei bei den Olympischen Spielen 1972 in München stillschweigend auf ein friedliches Ende: Jedenfalls griff nach dem Ausgleich der DDR in der 78. Minute niemand mehr an, auch in der Verlängerung nicht, und beide wurden mit Bronze belohnt.



Als Erfinder des »Nichtangriffspakts« gelten Stoke und Burnley, zwei englische Klubs, denen es 1898 gelang, als vermutlich einzige Mannschaften der Geschichte 90 Minuten lang keinen einzigen Schuss aufs gegnerische Tor abzugeben. In der Relegation zur ersten Liga reichte ein 0:0 Stoke zum Nicht-Abstieg und Burnley zum Aufstieg. Besonders grotesk wurde dieses Beispiel hundert Jahre später nachgeahmt, beim »Tiger Cup« in Vietnam: Indonesien war vor dem letzten Gruppenspiel schon qualifiziert, Thailand brauchte noch ein Unentschieden. Aber keiner der beiden Gegner wollte Gruppensieger werden, weil man dann im Halbfinale gegen das favorisierte Heimteam Vietnam hätte antreten müssen. Niemand versuchte also ein Tor zu schießen. Der Schiedsrichter musste in der ersten Halbzeit kein einziges Mal pfeifen. Die Zuschauer waren bis zur 15. Minute verschwunden. In der letzten Spielminute verlor Indonesien durch ein Eigentor, als der Torwart der Rückgabe eines Abwehrspielers aus dem Weg ging. Der asiatische Verband bestrafte beide Teams mit je 40.000 Dollar Buße.

## Glaubenssache

Gibt es einen Fußballgott? Wenn ja, dann ist er katholisch. Alle anderen Weltreligionen sind im Fußball auf eine Verliererrolle abonniert. Uruguay, Brasilien, Argentinien, Italien und Frankreich gewannen 14 von 18 WM-Titeln. Diese Länder sind alle katholisch. Zwar gibt es noch die anglikanischen Engländer, aber die gewannen ja 1966 nur wegen diesem gottlosen kommunistischen Linienrichter. Ohne den bleiben wirklich nur katholische Weltmeister übrig. Denn die drei Titel, die in der Rechnung noch fehlen, gewann, genau, Deutschland, wo es zwar ein paar tapfere Protestanten gibt, aber schauen wir mal genau hin: 1954 gaben die Pfälzer den Ton an im Team, 1974 Bayern und Rheinländer, 1990 der Münchner im Himmel, der später mit dem Hubschrauber wie ein guter Engel über allem schwebte. Alles schwer katholisch. Wie aber kommt das nur, mit der Siegerkonfession am Ball? Schaffen sie den Spagat zwischen striktem Regelwerk und lockerer Spielfreude durchs religiöse Training besser? Oder haben sie einfach den Papst in der Tasche? So oder so: schöner kicken mit Katholiken.



## Gleich nochmal

Manche Vorgesetzte sind mit gar nichts zufrieden – bitte nochmal, heißt es dann. So wie bei Charles Ariiotima, Schiedsrichter der Partie Tunesien gegen Serbien-Montenegro bei den Olympischen Spielen 2004. Beim Stand von 1:1

pfeift der Mann aus Tahiti Elfmeter für Tunesien. Jedidi verwandelt – Ariiotima lässt wiederholen (ein Tunesier zu früh im Strafraum). Jedidi verwandelt – Ariiotima lässt wiederholen (wieder ein Tunesier zu früh im Strafraum). Jedidi verwandelt – Ariiotima lässt wiederholen (erneut ein Tunesier zu früh im Strafraum). Jedidi verschießt – Ariiotima lässt wiederholen (diesmal: ein Serbe zu früh im Strafraum). Jedidi verschießt – Ariiotima lässt wiederholen (wieder ein Serbe zu früh im Strafraum). Jedidi verwandelt – und Ariiotima gibt das Tor! Tunesien gewinnt 3:2, beide Teams scheiden in der Vorrunde aus, aber der pfeifende Pedant aus der Südsee hat dem Tunesier Jedidi einen Platz in den Rekordbüchern verschafft. Kein anderer hat jemals denselben Elfmeter sechsmal schießen müssen.



## Goldjungen

Warum wird man Fußballer? Um viel Geld zu machen. Einige haben das aber zu wörtlich genommen. »Hey, Roy Keane macht 50 Riesen die Woche?«, so beginnt einer der Lieblingswitze von Mickey Thomas. »Hab' ich auch gemacht. Bis die Polizei meine Druckmaschine fand!« Thomas war über zwanzig Jahre Profi in England, ein flotter Flügelmann, sie nannten ihn den »walisischen George Best«. Als flotter Junggeselle kann man aber nie genug Geld haben. Also druckte Thomas sein eigenes. Einige Nachwuchsspieler in Wrexham versorgte er mit frischen 5- und 10-Pfund-Noten (mit 50 Prozent Rabatt), leider gaben sie sie auch aus. Das brachte Thomas 18 Monate Gefängnis und einige neue Bekanntschaften (sein Zellennachbar hatte zwei Leute umgebracht und ihre Köpfe abgeschnitten).

Auch sonst steckte Thomas gelegentlich in Schwierigkeiten. Als er noch in Freiheit war, endete ein Schäferstündchen mit der Frau des Schwagers im Auto an einer Landstraße damit, dass in Thomas' Hinterbacke ein Schraubenzieher steckte – den hatte der Schwager da hineingesteckt. Weder solche Eskapaden noch den Hang zum Falschgeld hatte er aber unter Kickern exklusiv. Peter Storey, in den 70ern englischer Nationalspieler und Double-Gewinner mit Arsenal, brachte die Beteiligung an einer Goldmünzen-Fälscherwerkstatt drei Jahre in einer gutgesicherten Immobilie der Königin ein. Er wurde außerdem als Autodieb, Porno-Schmuggler und Bordellbetreiber (des »Calypso Massage Parlour« in London) verknackt – ein vielseitig einsetzbarer Mann.



## Grammatik

Am falschen Kasus ist noch keine Karriere gescheitert. Im Gegenteil: Den Ball richtig treffen, bei der Wortwahl haarscharf danebenliegen, das ist eine Kombination, die beliebt macht. Zwar nicht bei den Schiedsrichtern, wie Willi »Ente« Lippens bei seiner legendären Herausstellung wegen grammatischer Tätlichkeit erleben musste (»Ich verwarne Ihnen«, sagte der Schiedsrichter, »Ente« antwortete: »Ich danke Sie.«) Aber doch beim Publikum. »Bin i Radi, bin i König«, sang in den 60er Jahren der erste Popstar der Bundesliga, der Torwart Petar Radenkovic. Der Mix aus Radebrechen, Augenzwinkern und Sätzen, die sich Dreijährige merken können, war stets eine verlässliche Basis der Popularität von Gastarbeitern im deutschen Fußball. Cąjkovskis gemütliche Giftigkeit: »Kleines, dickes Müller.« Trapattonis verzweifelte Grandezza: »Ich habe fertig.« Stepanovics serbo-hessische

Weisheit: »Lebbe geht weider.« Motto: Dich, Grammatik, loben wir, doch es geht auch ohne dir.

---



## Ha ho heja heja he

Deutschland im Jahr 1974: Kommissar Derrick löst den ersten Fall, VW bringt den Golf heraus, Ikea eröffnet seine erste deutsche Möbelfiliale. Deutsche Kicker besingen Schallplatten, wobei sie hellblaue Kunstfasertrainingsanzüge und ungünstige Haarschnitte tragen. Der WM-Song heißt »Fußball ist unser Leben«, beginnt mit der Textzeile »Ha! Ho! Heja heja he!« und endet auf Platz 27 der Hitparade. Inzwischen äußern Kicker zum Glück viel sinnvollere Dinge.

## Häschen

Dass Silvio Berlusconi im Jahr 2006 nicht nur den Job als Italiens Ministerpräsident verlor, sondern auch noch den Lieblingsstürmer Andrej Schewtschenko, den es von Mailand nach London zog, der Frau wegen, verwand er nur schwer. »Sheva ist der Hase seiner Frau«, lästerte Berlusconi bei der Weihnachtsfeier seines AC Milan. »Ein richtiger Mann hätte sich niemals so verhalten. Bei mir zu Hause bin ich derjenige, der das Sagen hat.«
Fünf Wochen später forderte Signora Berlusconi auf Seite eins einer großen Zeitung eine öffentliche Entschuldigung von dem ihr angetrauten Lustgreis (wenige Tage zuvor hatte der geliftete Siebzigjährige bei einer Gala einer früheren

Miss Amazonia erklärt, mit ihr würde er »überall hingehen«, und einer anderen, er würde sie heiraten, »wenn ich nicht schon verheiratet wäre«.) In einer öffentlichen Ehe-Erklärung säuselte Berlusconi: »Vergib mir, ich flehe dich an«. Ob sie ihn seit dem wieder Häschen nennt?

## Halbtagsstelle

85

Höchststrafe für einen Torhüter ist die Auswechslung zur Halbzeit. Sie macht jedem deutlich, dass es sich um die Folge von Unfähigkeit handelt und dass der Platz erstmal weg ist. Auch sehr gute Keeper waren vor dieser Demütigung nicht gefeit, wie etwa der junge Jens Lehmann mit Schalke 04 bei einem 1:5 in Leverkusen. Er wurde in der Pause ausgewechselt und fuhr beschämt noch vor Abpfiff mit der S-Bahn heim nach Essen. Er dachte wohl, dass es schlimmer nicht kommen könne. Doch es ging. 1998 spielte Lehmann beim AC Mailand, in Cagliari unterlief er eine Flanke, die zum 0:1 führte; dann verursachte er einen Elfmeter. Trainer Zaccheroni wechselte ihn noch vor Ausführung des Elfmeters nach nur 27 Minuten aus – sein Ersatz Sebastiano Rossi hielt den Elfmeter. (Lehmann war den Platz im Tor los und kehrte zwei Monate später in die Bundesliga zurück.)
Nicht immer allerdings erweist sich der frühe Wechsel als Gewinn fürs Team. Am letzten Spieltag der französischen Liga 2006 wurde Yohann Pelé bei 1:3-Rückstand gegen Lyon aus dem Tor von Le Mans geholt. Sein Ersatz Rodolphe Roche durfte ran – am Ende stand es 1:8. Oder Mwamba Kazadi aus Zaire, 1974 im ersten schwarzafrikanischen Team bei einer WM – der erste von vielen «Fliegenfängern«, die dieser sympathische Fußballkontinent dem Rest der Welt

seitdem beschert hat. Gegen Jugoslawien durfte Kazadi nach 22 Minuten und vier Gegentoren auf die Bank. Kollege Dimbi Tubilandu kam auf einen etwas günstigeren Minuten-Schnitt: bis zum Endstand von 0:9.

## Halloween

86 Seit Amerika die Welt erobert hat, erlebt man jedes Jahr Anfang November die Invasion unzähliger monströser Gemüse. Wo man hinschaut, glotzen Kürbisse zurück, Schaufenster als Schreckensbilder, Millionen von Kindern in grusliger Kostümierung. Ganz Europa, von Halloween besetzt. Ganz Europa? Nein! Eine kleine Schar von unbeugsamen Fußballern hört nicht auf, dem Eindringling Widerstand zu leisten – und beweist, dass man an Halloween keine Kürbis-Masken oder Kostüme tragen muss, um seine Umwelt zu erschrecken. Es geht auch, wenn man gar nichts trägt.

Wir sind nicht in Gallien, sondern in Spanien, wo das »Halloween von Betis Sevilla« 2001 zum Begriff wurde. Es begann damit, dass die Mannschaft von Betis, als Aufsteiger zwischenzeitlich sogar an die Tabellenspitze der Primera Divison vorgestoßen, beschloss, das Fest gemeinsam zu feiern. So was schafft Teamgeist, dagegen ist nichts zu sagen. Dennoch hatten Präsident und Trainer ein dummes Gefühl bei der Sache. Weil sie nicht eingeladen wurden? Zu vorgerückter Stunde begehrten sie Einlass ins Quartier. Und fanden ihre bezahlten Herren in deutlicher Unterzahl gegenüber bezahlten Damen vor. Nach grober Zählung sollen rund dreißig Gewerbetreibende das Trainingslager aktiv geteilt haben. Um spielerischer Auszehrung vorzubeugen, brachen die Verantwortlichen die Soiree augenblicklich ab. »Zuhause wär's billja«, reimte einst ein Gassenhauer: Doch man will nach Sevilla.

Am nächsten Tag stand alles in der Zeitung. Funktionäre packten Geldstrafen aus und Spielerfrauen ihre Paella-Pfannen. Man kann sich das routinierte Unschuldsbeteuern der Heimkehrer vorstellen: Das war kein Foul, Schatz, nicht mal berührt; die simulieren doch! Sozusagen Schwalben, so heißt das im Fußball, wenn jemand sich freiwillig hinlegt. Allein, es half nichts. Der Brasilianer Denilson, einst teuerster Fußballer der Welt, musste als Halloween-Folge wegen atmosphärischer Störungen im Verlobungsverhältnis gar seine Hochzeit verschieben.

Wenige Tage später gab es noch mehr Häme, als er mit Brasilien in Bolivien 1:3 verlor. Danach mussten die Brasilianer bangen, zum ersten Mal eine WM zu verpassen. Zum ersten Mal seit 1930, als alles noch in Ordnung war im sittenstrengen Fußball. Und als der erste Torschütze der WM-Geschichte, der Franzose Lucien Laurent, wie er sich als über Neunzigjähriger erinnerte, seinen historischen Treffer wo feierte? Richtig, in einem französischen Bordell in Montevideo. Damals kannten sie ja noch kein Halloween.

## Handball



Oliver Held wehrte am vorletzten Spieltag der Bundesligasaison 1997/98 bei 1:0-Führung für Schalke gegen den 1. FC Köln den Ball auf der Torlinie ab. Mit welchem Körperteil? Schiedsrichter Kemmling fragte nach, Held beteuerte: »Es war der Kopf, ich schwöre«. Es war die Hand, die TV-Bilder bewiesen es, aber zu spät. Schalke kam in den UEFA-Cup (und nicht Hansa Rostock), Köln stieg ab (und nicht Mönchengladbach). Als erster Profi wurde Held wegen »Falschaussage« vom DFB für zwei Spiele gesperrt. Noch schlimmer war vermutlich der Fluch des Kölner Österreichers Toni Polster, der Held nach dem Spiel wünschte, er solle »sein ganzes Leben lang kein Glück mehr haben«. Infolgedessen verpasste Held mit Schalke 2001 die schon sicher geglaubte und fröhlich gefeierte Meisterschaft, stieg danach mit dem FC St. Pauli ab und landete in der Verbandsliga Schleswig-Holstein: beim TSV Kropp.

## Handelfmeter

Richard hieß ein nicht näher benannter Amateurfußballer aus der Gegend um Bristol, den der englische Journalist Danny Baker in einer »Times«-Kolumne 1998 als Opfer der »strengsten Schiedsrichterentscheidung aller Zeiten« verewigte. Richard hatte nach einem Arbeitsunfall nur noch einen Arm. Bei einem Fußballspiel streifte der Ball den leeren, herunterhängenden Ärmel, und der Schiedsrichter gab allen Ernstes Elfmeter wegen Handspiels. »Nach einigen Minuten erregter Proteste«, so Baker, »holt der bestrafte Spieler mit seinem verbliebenen Arm aus, haut dem Schiedsrichter eine runter und wird vom Platz gestellt.«

## Handspiel

Sport wurde ja unter anderem auch deshalb erfunden, im volkspädagogisch bewegten 19. Jahrhundert, um die knospende männliche Jugend von hirnschädigender Masturbation abzuhalten. Das hat dann aber doch nicht bei allen geklappt. José dos Santos Dario war ein Stürmer aus Brasilien, der 1970 mit Pelé im WM-Kader stand und trotzdem sein Licht nicht unter den Scheffel stellte: Er nannte sich bescheiden Dada Maravilho (»Dada, das Wunder«) und fand überhaupt: »Gott ist Dadas größter Fan.« Außerdem sprach er von sich gern in der dritten Person, was später von einem bekannten deutschen Kollegen aufgenommen wurde (»Ein Lothar Matthäus spricht kein Französisch«). Weniger Nachahmer fand dagegen die Methode, die Dada für die geistig-moralische Einstimmung auf den zweiten Teil der Schicht anzuwenden pflegte und die ihn »leicht wie der Wind« machte: Wenn er zur Pause in die Kabine kam, dann onanierte er erst einmal.



## Heimarbeiter

René Schneider, unterbeschäftigter Dortmunder Profi, zur Ankündigung von Trainer Nevio Scala, ihn für das Bielefeld-Spiel zu nominieren: »Darauf war ich gar nicht eingerichtet. Ich bleibe lieber zu Hause.«
Aber auch zu Hause kann man sich um den Fußball verdient machen. Berti Vogts betonte die Bedeutung häuslichen Fleißes: »Hass gehört nicht ins Stadion. Solche Gefühle soll man gemeinsam mit seiner Frau daheim im Wohnzimmer ausleben.«

## Higuita

1990, die WM wird zum Seniorenprogramm, ein Fall für Roger Milla. Der 38-jährige Kameruner umtanzt in der Vorrunde dreimal als Torschütze mit schwingenden Hüften die Eckfahne. Im Achtelfinale gegen Kolumbien mopst er dem weit draußen dribbelnden Torwart René Higuita den Ball und schießt erstmals ein afrikanisches Team ins Viertelfinale.



Higuita, genannt »El Loco«, der Verrückte, scheute auch sonst vor seltsamen Ausflügen nicht zurück: Er schoss eine Reihe von Freistoßtoren; landete im Gefängnis, weil er bei einer Entführung die Geldübergabe organisierte; zeigte 1995 im Wembley-Stadion den wahnsinnigen »Skorpion«-Trick: die Abwehr eines Schusses im Sprung nach vorn mit beiden Hacken; musste wegen positiver Kokain-Proben erst die Spielerkarriere beenden und dann auch die als kolumbianischer Torwarttrainer. Dann machte er einen Schnitt. Nach einer Schönheitsoperation schlug Higuita die Laufbahn des TV-Moderators ein.

## Hoch gewettet

Man sollte besser nicht gegen Spieler wetten. Paul Robinson, Englands Nationaltorwart, traf mit einem Abschlag im Spiel gegen Paraguay 2006 als erster Spieler überhaupt den gewaltigen Video-Würfel hoch über der Frankfurter Arena. Ob das ein Zufall war? In England gab es Berichte, wonach genau auf diese unwahrscheinliche Aktion eine Reihe von Wetten platziert worden waren. Aufgeklärt wurde die Angelegenheit nicht.

Bei einem Amateurspiel in Belgien 2002 tauchte ein anderes

Hindernis über Kopfballhöhe auf: Ein Heißluftballon schwebte über den Platz. Darauf wettete ein Zuschauer mit dem Torwart, dass der den Ball beim Abschlag nicht so hoch bekäme. Der Torwart holte aus – und schoss den Ball in den Ballonkorb. Der Fall steht in keinem Regelbuch; man löste ihn belgisch, also unbürokratisch. Die überraschte Besatzung gab den Ball wieder her. Der Schiedsrichter dankte. Der Abschlag wurde wiederholt.



## Honduras

Dieses Land, das man Bananenrepublik nennen kann, ohne es damit zu beleidigen, war in der Fußballgeschichte nur dreimal aufgefallen. Einmal durch den sogenannten »Fußballkrieg« 1969, als der schwelende Konflikt mit dem Nachbarland El Salvador durch den Auslöser eines WM-Qualifikationsspiels zu offenen Feindseligkeiten führte (die rund 2000 Menschenleben kosteten); dann 1982, als Honduras zum ersten und bisher letzten Mal an einer WM teilnehmen durfte (und knapp in der Vorrunde scheiterte); schließlich 2001, als man Brasilien bei der »Copa America« 2:0 besiegte und die große »Selecao« daheim als »dümmste Mannschaft der Welt« beschimpft wurde.

Bei der Junioren-Weltmeisterschaft 2005 wollte sich Honduras auf der Fußball-Weltkarte zurückmelden – was auch gelang, wenngleich etwas anders als erwartet. Nach zwei Niederlagen und 0:12 Toren ging es nur noch darum, wenigstens ein Tor zu erzielen. Die Chancen standen nicht schlecht: Der Gegner hieß Spanien und war nach zwei Siegen schon für die K.o.-Runde qualifiziert. So bot der spanische Trainer in der Startelf alle zehn Ersatzspieler auf und brachte später, beim Stand von 3:0, auch noch den dritten Torwart. Der verschuldete bald darauf einen Elfmeter und erhielt die Rote Karte, worauf der Außenseiter die einmalige Chance witterte, nun endlich sein Tor zu erzielen. Elfmeter also, und ins Tor musste ein spanischer Feldspieler. Der Honduraner lief an – der Spanier hielt. Der Schiedsrichter hatte so viel Mitleid, dass er fünf Minuten nachspielen ließ. Die Spanier hatten es offenbar auch. In der 95. Minute ließen sie die Bananenrepublikaner unbedrängt auf ihr Tor zulaufen. Da endlich traf Honduras. Doch der Linienrichter hob die Fahne: abseits.

---

## Interview

Diese heute hochentwickelte Kunst, die komplizierten Gedankengänge von Leistungssportlern in druckreife Dialoge zu übertragen, steckte 1934, als Deutschland erstmals an einer WM teilnahm, noch in den Anfängen. Ein Interview-Versuch: »Herr Janes, Sie waren mit der Nationelelf in Italien?« – »Ja.« – »Sind Sie mit dem Abschneiden zufrieden?« – »Ja.« – »Hätten Sie Weltmeister werden können?« – »Nein.« – »Der dritte Platz tut es auch?« – »Ja.« – »Wie war es in Italien?« – »Warm.« (Später kam man zum Schluss, dass man Kicker besser kicken als reden lässt, so gab es nach dem WM-Sieg 1954 keine Spieler-Interviews; doch geriet die Erkenntnis leider irgendwann wieder in Vergessenheit.)

## Italien

Komm du mir nach Hause! Italienische Kicker haben schon manche nahrhafte Heimkehr erlebt. Am dichtesten war das Lebensmittelaufkommen nach der WM 1966 auf dem Flugfeld von Rom-Ciampino: den Heimkehrern flogen Tomaten und faule Eier entgegen. Das Vorrunden-Aus beim 0:1 gegen die Steinzeit-Kommunisten aus Nordkorea durch das Tor eines gewissen Pak war eine der größten Peinlichkeiten der Weltgeschichte. Acht Jahre später reisten die Italiener als Vizeweltmeister mit ihrer Betonabwehr, mit Torwartlegende Dino Zoff und mit mehr als 1000 Spielminuten ohne Gegentor zur WM in Deutschland. Dann kam ein Bursche aus der Karibik namens Emmanuel Sanon, scherte sich nicht um Zoffs Weltrekord und schoss Haiti in Führung. Die Italiener gewannen noch 3:1, doch wieder scheiterten sie in der Vorrunde – am Ende kostete sie Sanons Tor das Weiterkommen. Auch da flogen ein paar Pomodori.



Aber noch haben sie ihren Kickern immer verziehen im Land der Leidenschaft. Das ist nicht nur schlau, es ist eine Idee, die Weltmeister macht: Übeltätern, die man für eine WM gebrauchen kann, zu vergeben. 1934 begnadigte man den wegen Bestechung lebenslänglich gesperrten Allemandi – und gewann. 1982, nach dem »Toto nero«, Wettbetrug auf breiter Front, verzieh man dem eigentlich lebenslänglich gesperrten Rossi – er schoss Italien zum Titel. Und 2006 wurde Italien vom größten Fußballskandal seiner Geschichte erschüttert, doch an keinem Nationalspieler blieb was hängen, und der Zusammenhalt stimmte sowieso: »Ohne den Skandal«, befand Gennaro Gattuso, »wären wir nicht Weltmeister geworden«. Fußball-Logik all'italiana.

## Jamaika

Rasta, Reggae, Rundungen: Jamaika besetzte die Marktlücke des karibischen Gute-Laune-Fußballs bei der WM 1998. Dass sie auch anders können, hatten sie wenige Monate zuvor gegen den mexikanischen Klub Toros Neza gezeigt. Das »Freundschaftsspiel« entwickelte sich in eine etwas ungewöhnliche Richtung, als ein Mexikaner einen Jamaikaner mit einem brutalen Tackling fällte. Im Nu war eine Massenschlägerei im Gange, an der alle Spieler und Betreuer beider Teams beteiligt waren. Das englische Fachblatt »FourFourTwo« kürte sie zur »größten Fußballschlägerei des 20. Jahrhunderts«. Als der Schiedsrichter sah, dass man zu einer anderen Sportart übergegangen war, überließ er das Feld den Spielern, und die nutzten ihre neuen kreativen Freiräume. So brachten die Jamaikaner Holzbalken und Ziegel, die sie im Stadion fanden, ins Spiel. Ihr Trainer entschuldigte sich später, seinem Team fehle »internationale Erfahrung«.

## Junkmail

Der VfB Leipzig verdankt den historischen Ruhm des ersten deutschen Fußballmeisters auch einer fiesen Fälschung anonymen Ursprungs. Den vorgesehenen Halbfinalgegner der Leipziger, den Karlsruher FV, erreichte vor dem Spiel 1903 das Telegramm: »Meisterschaftsspiel verlegt. DFB.« Der KFV blieb daheim, statt nach Leipzig zu fahren. Doch die Depesche war eine Fälschung, deren Urheber nie ermittelt werden konnte. Karlsruhe wurde vom DFB disqualifiziert,

Leipzig kam kampflos ins Finale und wurde erster deutscher Meister (7:2 gegen DFC Prag).

---

## Kein Kommentar

Ron Atkinson, der letzte Trainer von Manchester United vor der Regentschaft von Alex Ferguson, wusste stets genau, was Fußball-Diplomatie heißt: im richtigen Moment die Klappe zu halten. Wie das zum Beispiel geht, erläuterte er in einem TV-Interview auf die Frage nach der Leistung des Schiedsrichters: »Ich mache nie Kommentare über Schiedsrichter. Und diese lebenslange Gewohnheit werde ich für dieses Arschloch nicht aufgeben.«

## Klartext

In den 20er Jahren verpflichtete Schalke 04 als Trainer einen gewissen Hans Schmidt, Spitzname »Bumbes«, was in seiner fränkischen Heimat soviel wie »Furz« bedeuten sollte. Bald wusste man, woher der Wind weht. Schmidt pflegte seine taktischen Anweisungen so zu formulieren: »So, ihr Arschlöcher, geht da rein und gewinnt!« (Eine Anleitung, die der Kollege Beckenbauer mehr als 60 Jahre später nur unwesentlich umformulierte, als er sein Team zum WM-Sieg ins Finale gegen Argentinien schickte: »Geht's raus und spuit's Fußball.«) Bumbes begründete damit eine Schalker Tradition volksnahen Vokabulars, die vor allem der Manager Rudi Assauer weiterpflegte. Etwa mit seiner Umschreibung der angeblichen Vorzugsbehandlung der bayerischen Konkurrenz durchs Fernsehen, welches damit »fetten Gänsen den Arsch« schmiere. Oder mit der Bauernweisheit zum Schiedsrichterskandal: »Erst wenn der Schnee geschmolzen ist, sieht man, wo die Kacke liegt.« Es sei denn, man ist vorher schon reingetreten.

## Knastkicker



Gute 130 Jahre brauchte die Fußballgeschichte, bis zum ersten Mal ein Profi in Europa für ein Foul ins Gefängnis musste. Duncan Ferguson, Stürmer der Glasgow Rangers, hatte 1994 seinen Gegenspieler John McStay von den Raith Rovers mit einem brutalen Kopfstoß verletzt. Wegen Körperverletzung wurde Ferguson zu einer Haftstrafe verurteilt und verbrachte 44 Tage hinter Gittern.

## Kung-Fu und Karaoke

Asien – das bedeutet (trotz der Erfolge Südkoreas bei der WM 2002) in Fußballkreisen noch immer: kleine Spieler, harmloser Fußball, keine Gefahr. Und doch hat die asiatische Kultur manchmal verblüffend handfeste Auswirkungen auf den europäischen Fußball – etwa bei Eric Cantona: Mit seinem Kung-Fu-Flugtritt zum Kopf eines Zuschauers im Stadion von Crystal Palace löste der Franzose von Manchester United 1995 einen der größten Skandale des internationalen Fußballs aus.

Zwölf Jahre später brachte ein anderer asiatischer Kulturexport einige Profis des FC Liverpool durcheinander. Beim Freigang aus einem Trainingslager in Portugal brach nach fortgeschrittener Flüssigkeitsaufnahme Streit aus, weil John-Arne Riise sich weigerte, beim Karaoke »Angels« von Robbie Williams zu singen. Craig Bellamy nahm die Sache persönlich. Er holte einen Golfschläger, suchte Riise auf dessen Zimmer auf und schlug ihm das Neuner-Eisen gegen die Beine. (Eine Woche später, nach Zahlung einer 120.000-Euro-Strafe, war Bellamy wieder brav, schoss im Champions-League-Spiel in Barcelona den Ausgleich, feierte ihn mit einem simulierten Golf-Abschlag – und legte dem genesenen Kollegen Riise den Ball zum 2:1-Siegtreffer aufs Tee.)



## Kunstblut

Roberto Rojas, Torwart Chiles, genannt »Kondor«, brach in der WM-Qualifikation für 1990 im Spiel gegen Brasilien blutend zusammen, offenbar getroffen von einem Gegenstand, den ein Zuschauer im Maracana-Stadion geworfen hatte. Später stellte sich heraus, dass Rojas sich den Schnitt selber zugefügt hatte. Chile wurde für zwei Weltmeisterschaften gesperrt, Rojas lebenslänglich. Zehn Jahre später versuchte der Torwartkollege Chokri al-Ouaer vom tunesischen Klub Esperance denselben Stunt beim afrikanischen Champions-League-Finale in der ghanaischen Hauptstadt Accra gegen das Heimteam Heart of Oak. Wieder kein Oscar, nur ein Jahr Sperre.

## Kurzprogramm

Eduard Geyer hielt als Trainer der DDR-Auswahl und von Energie Cottbus nie viel von langen Vorspielen: »Wer sich dehnen will, soll nach Dänemark gehen.« Auch als Spieler

machte er es gern zügig – und hält deshalb den deutschen Rekord des schnellsten Platzverweises im Europapokal. Beim 2:1-Sieg von Dynamo Dresden gegen Leeds United im November 1970 wurde Geyer in der 76. Minute eingewechselt und in der 84. runtergeschmissen.
Es geht aber noch viel flotter. So dauerte das erste Länderspiel von Lionel Messi, dem »neuen Maradona«, weniger als eine Minute. Nach einem Ellbogenschlag gegen einen Ungarn flog der 18-jährige Argentinier vom Platz.
Wenigstens hatte er da schon das Feld betreten, anders als Mark van Bommel 1997 bei einem besonders übersichtlichen Einsatz. Der Niederländer wartete auf seine Einwechslung und wurde Zeuge eines Elfmeters gegen seine Mannschaft Fortuna Sittard (der schließlich zur 0:1-Niederlage führte). Darauf beschimpfte er den Linienrichter so heftig, dass er die Rote Karte erhielt – ehe er auch nur den Platz betreten hatte.
Genau das wäre für van Bommels Landsmann Dick van Burik am 10. Dezember 2005 das Beste gewesen: gar nicht erst auf den Platz gelassen zu werden. So aber konnte der Herthaner im Spiel gegen Hamburg nach zwei Minuten ein Eigentor schießen und nach sieben Minuten ein Foul begehen, das durch Elfmeter zum 0:2 führte und bei dem sich van Burik einen Muskelriss zuzog. Tage gibt's …

## Letzte Worte

»Dreck, wo du hinguckst. In der Kabine steht keiner auf, hört keiner zu. Die sind nicht zur Arbeit erzogen worden, zu nichts. Kein Anstand, alles Ossis!« *(Trainer Rolf Schafstall über seine Mitarbeiter bei Dynamo Dresden. Dummerweise sagte er das einem Reporter. Entlassung 1999, nach 56 Tagen.)*

»Kleines Schweinchen!« *(Jimmy Hartwig, der erste westdeutsche Trainer bei einem ostdeutschen Klub, über den Schiedsrichter nach einer Niederlage mit Sachsen Leipzig. Folge: Entlassung nach drei Monaten im Amt. Dilettierte fortan als Moderator, Mime und in der TV-Show »Ich bin ein Star – Holt mich hier raus!«)*

»Spanien wäre ein schönes Land, wenn nicht so viele Spanier dort leben würden.« *(Max Merkel in Vorfreude auf seine Entlassung durch Atletico Madrid, trotz Tabellenführung.)*

»Weil viele vom Arbeitslosengeld offensichtlich so gut leben, dass sie keine Lust haben, morgens früh aufzustehen und bis in die Abendstunden zu buckeln, nur damit sie am Ende des Monats schlappe hundert Euro mehr auf dem Konto haben«, *forderte Stefan Effenberg eine Kürzung der Sozialleistungen in Deutschland (und flog daraufhin drei Spieltage vor Ende seiner letzten Saison bei Bayern München aus dem Kader).*

»Du und ich, wir haben zwei Hände bekommen und zwei Beine und ein halbwegs vernünftiges Gehirn. Manche Leute aber sind nicht mit so etwas geboren worden, aus irgendeinem Grund. Bei ihnen wirkt das Karma aus einem früheren Leben. Es geht aber nicht nur um Menschen mit Behinderungen. Was du säst, das musst du ernten.« *(Glenn Hoddle,*

*der an Wiedergeburt glaubende englische Nationaltrainer, kurz bevor sein schlechtes Karma ihn den Job kostete.)*
»Ein Haufen Scheiße.« *(Eric Cantona über Trainer Henri Michel kurz vor seinem Rauswurf aus Frankreichs Nationalteam)*
»Keine Bewegung, das ist ein Überfall!« *(Luciano de Recconi, italienischer Meister mit Lazio 1974, der aus einer Laune heraus bei einem Bummel durch Rom mit dem Kollegen Pietro Ghedin am 18. Januar 1977 beschloss, einen Juwelier zu überfallen, offenbar aus Jux. Der Juwelier allerdings war bereits viermal überfallen worden. Er hatte deshalb eine Pistole parat, zog sie, schoss und traf tödlich.)*



## Linienrichter

Tofik Bachramow heißt der Einzige, der ein WM-Endspiel per Ferndiagnose entschied. Dazu war er nur imstande, weil er einem malaysischen FIFA-Funktionär zwei Dosen Kaviar gegeben und damit seine Nominierung als Linienrichter fürs Finale 1966 erreicht hatte – das zumindest behauptete dreißig Jahre später der russische Kollege Nikolai Latyschew. Der Treffer, der alles entschied, wird in Deutschland seit Jahrzehnten drittes Tor genannt, obwohl er natürlich in Wirklichkeit das fünfte Tor war, das 3:2 in der Verlängerung. Nur Bundespräsident Lübke sah den »Ball im Netz zappeln«, und natürlich Torschütze Hurst, für den der Ball »meilenweit über der Linie« war.
Als Linienrichter hat man auch nach der Beförderung zum Schiedsrichterassistenten nur eine einzige Chance, bekannt zu werden – sie besteht im »Phantomtor«. Also in dem Tor, das nur einer sah; dummerweise aber der, der darüber zu entscheiden hat. So wurde Jörg Jablonski auf einen Wink

hin zum bekanntesten Linienrichter der 90er Jahre. Das »Tor«, das nur er sah, »schoss« Thomas Helmer am 32. Spieltag der Bundesligasaison 1993/94 beim 2:1-Sieg der Bayern gegen Nürnberg. Dabei hatte Helmer es geschafft, den Ball von der gegnerischen Torlinie aus nicht hinter die Linie, sondern neben das Tor zu stochern – völlig unfähig, getoppt aber noch von der Unfähigkeit des Linienrichters. Schiedsrichter Hans-Jürgen Osmers gab nach Besprechung mit dem Assistenten das 1:0. Doch der DFB annullierte den Sieg. Das Spiel wurde wiederholt, Bayern gewann 5:0 und wurde Meister. Ohne das »Phantomtor« und die dadurch verursachte Wiederholung, bei einem 1:1 zwischen Bayern und dem späteren Absteiger Nürnberg, wäre Kaiserslautern Meister geworden und Freiburg abgestiegen.



Halt, es gibt doch noch eine andere Möglichkeit, bekannt zu werden: Neil Bassford wurde beim Amateurspiel Birstall United gegen Ratby Sports in der Region Leicester 1997 von der Randfigur zum Rächer. Als sich eine Schlägerei zwischen beiden Teams entwickelte, vermöbelte Bassford zwei Spieler von Ratby mit seiner Fahne. Er bekam zwei Monate Gefängnis auf Bewährung.

## Luft raus

Alles fahren ließ jener weiße Ball mit roten Sternchen, der im November 2004 zwischen dem Fuß des Anderlechters Walter Baseggio und der Torlinie von La Louvière explodierte. Er verlor die Fassung, erreichte aber mit letzter Luft doch noch das Netz. Der Schiedsrichter gab das Tor, die Spieler von La Louvière gingen in die Luft. Die Sportgerichte bestätigten die Entscheidung nach längerer Beratung. Merke:

Wenn der Ball keine Luft mehr hat, ist das Spiel zu unterbrechen – aber es ist erst unterbrochen, wenn die Luft aus der Lunge des Schiedsrichters durch die Pfeife geströmt ist. Da aber war er schon im Netz.

## Luxemburg

Der vom Pro-Kopf-Einkommen reichste Staat der Welt ist unter den Fußballzwergen der Sitzenbleiber. Während noch viel kleinere Länder wie die Färöer (mit ihrem legendären 1:0 gegen Österreich 1990) oder Liechtenstein (2:2 gegen Portugal 2004) die David-gegen-Goliath-Nummer machten, kamen die Luxemburger auf eine Minusserie, die auch unter Fußballzwergen weltweit ohne Beispiel war. Sie begann 1980 nach einem 3:2 gegen Südkorea mit 32 Niederlagen in Folge (9:96 Tore) und endete 1995 mit einem 1:0 auf Malta. Gesamtbilanz der 15 Jahre: 78 Spiele ohne Sieg, 26:242 Tore. Das konnte nur einer toppen: Luxemburg selber. Von Ende 1995 bis Mitte 2007 kamen sie auf eine neue, bei Redaktionsschluss noch nicht abgeschlossene Weltrekordserie: 86 sieglose Spiele.

## Macht der Presse

Die Berichte in der europäischen Fachpresse vom ersten WM-Finale 1930 klangen überaus positiv, jedenfalls gab es keine Kritik am Schiedsrichter. Das hatte einen plausiblen Grund: Reporter war der Schiedsrichter selbst. Damals leistete es sich kein europäisches Blatt, einen eigenen WM-Korrespondenten ins ferne Uruguay zu schicken. Man wartete, bis derjenige, der am nächsten dran war, also der belgische Schiedsrichter, per Schiffspassage über den Atlantik wieder heimgekehrt war und seinen Bericht mitbrachte. Er trug übrigens auf dem Platz Knickerbocker und hatte einen Namen wie aus einem Asterix-Heft: Langenus.
Auch die WM-Kicker Chantrel und Pinel machten sich, lange bevor es Blogs, persönliche Websites und Promi-Kolumnen gab, um die öffentliche Bildung als Reporter verdient: Sie funkten ihre Spielberichte heim nach Frankreich. Und weil sie den Kollegen Delmer nicht mochten, erfuhr in Frankreich kein Leser, dass er mitspielte.

## Mailbox

Im Herbst 2005 brauchte der 1. FC Nürnberg, damals Tabellenletzter, einen neuen Trainer. Man sprach mit Peter Neururer, der zuvor in Bochum entlassen worden war. Neururer schien interessiert, dann sagte er ab. Aber nicht persönlich, sondern auf die Mailbox: »Mit der Mannschaft ist nix zu machen.« Wenige Tage später unterschrieb Neururer in Hannover, und Nürnberg verpflichtete Hans Meyer. Der führte die Mannschaft, mit der »nix zu machen« war, bis

Saisonende auf Platz 8. Nach drei Spieltagen der nächsten Saison stand Hannover mit null Punkten und 2:11 Toren am Tabellenende, Neururer wurde entlassen. Meyer und der Club waren Tabellenführer, sie wurden am Ende der Saison Pokalsieger und erreichten den UEFA-Pokal. Und Neururers Nachfolger Dieter Hecking rettete Hannover 96 vor dem Abstieg. Hallo, Herr Neururer, rufen Sie doch mal wieder an! Zum Beispiel auf der Mailbox von Ansgar Brinkmann, dem früheren Alm-Brasilianer aus Bielefeld. Der hatte früher folgende schöne Ansage auf seinem Anrufbeantworter: »Bin bis 5 Uhr früh in meiner Stammkneipe zu erreichen.« Oder bei Mehmet Scholl. Der ließ seine Mailbox während der Stoßzeiten gerne mitteilen: »Kein Anschluss während dieser Nummer.«



## Männerküsse

Becker-Faust oder Kuntz-Säge, Milla-Lambada oder Sanchez-Salto; die Pistolenschüsse mit Daumen und Finger des Brasilianers Anderson; die Saugnase des an der Seitenlinie koksenden Engländers Fowler; der Stinkefinger des Brasilianers Giovanni – beim Torjubel sind die Geschmacksgrenzen nach unten offen. Beim Küssen aber ist die Grenze erreicht, zumindest für die Funktionäre. Die Knutschereien der Polen 1974 oder später auch zwischen Breitner und Rummenigge wurden 1981 von der FIFA als »unmännlich, übertrieben gefühlsbetont und deshalb unangebracht« untersagt. Später fanden die Bussis auf diversen Umwegen zurück ins Spiel. So ließ sich etwa der HSV-Profi Roy Präger von den Kollegen gern die Füße küssen.

Dass sich die Knutscherei auch höher abspielen kann, in

einer Region, die Fußballer für gewöhnlich bei gegnerischen Freistößen hinter vorgehaltener Hand zu schützen pflegen, war 2001 eine neue Idee. Der Junioren-Nationalspieler Gallardo vom FC Sevilla setzte sie bei seinem Mitspieler Reyes bei der Feier über dessen Treffer in die Tat um – ein Bussi nicht auf die Wange, nicht auf die Füße, sondern ungefähr dazwischen. Sittlich nicht zur Nachahmung empfohlen: Es führte zu einem Disziplinarverfahren.

## Maradona

Der Größte von allen, die je einen Ball bewegten, war auch der Verrückteste. Zeigte alles, was eine Kugel kann, und noch mehr. Schoss auf Journalisten – nicht mit dem Ball, sondern mit der Flinte. Schockte Nachbarn mit einer Bin-Laden-Maske. Mietete einen Jumbo-Jet für seine Hochzeit. Brach, fett wie ein Fass, beim Golfspiel auf einer Brücke über dem Wasserhindernis ein. Sang, verschlankt durch Magen-OP und Diät, in seiner eigenen Show. Landete auf Kuba, bei seinem Freund Fidel Castro. Hing dort auf Entziehungskur vom Koks in einem Irrenhaus herum. Was er dort erlebte, war wie ein Spiegel seiner Karriere – ziemlich wahnsinnig: »Hier ist einer, der denkt, er ist Robinson Crusoe, ein anderer denkt, er ist Napoleon, und kein einziger hier glaubt mir, wenn ich sage: Ich bin Maradona.«

## Maskottchen

Es ist nicht einfach, ein Glücksbringer zu sein. Und nicht gut für die Lebenserwartung. Etwa bei Goleo, dem WM-Maskottchen von 2006, das die Tage des »Sommermärchens« nicht überlebte, vermutlich weil es sich mangels Hose eine folgenschwere Blasenentzündung (oder Schlimmeres) einfing. Oder beim leidgeprüften Geißbock des 1. FC Köln: Er setzt im Vereinsemblem zu dem aussichtslosen Versuch an, über die Domtürme zu springen. Und symbolisiert damit den klub- und ortstypischen Drang, stets mehr zu erwarten, als möglich ist.



Der Bock namens Hennes steht seit fast einem halben Jahrhundert den Profis zur Seite (als Spieltagesausflug aus Bauer Schäfers Stall), inzwischen ist Hennes VII im Amt. Nicht jeder war der Aufgabe gewachsen. Hennes I, dem Klub von Zirkus-Chefin Carola Williams bei einer Karnevalssitzung 1951 überreicht, hatte Lampenfieber und pinkelte Hennes Weisweiler das Hemd voll. Hennes II zitterte vor dem Stadion, gab sich bockig. Hennes III lag eines Morgens vergiftet im Stall, die Kripo ermittelte erfolglos. Nur mit Hennes IV kam echter Glanz in den Stall, er gewann 1978 das Double, ging mit dem Team auf Triumphfahrt und wurde besungen mit »Unser Bock ist Meister, er hätt'se all jeputz«. Hennes V war wieder zickig, warf im Stadion die Vereinsdecke ab. Hennes VI verließ nach einem 0:1 gegen Karlsruhe der Lebensmut, er fraß nicht mehr und musste eingeschläfert werden. Und Hennes VII musste gleich zwei Abstiege erdulden.

Funktionäre haben die Maskottchen manchmal auf dem Kieker. Der 1. FC Union Berlin hatte in der Zweiten Liga einen Glücksbringer namens »Ritter Keule« am Spielfeldrand. Er trug einen Ritterhelm, einen Morgenstern, ein Union-Trikot und sah ungefähr so furchteinflößend aus wie die Blechbüchsen-Armee aus der Augsburger Puppenkiste. Einmal aber, nach dem Führungstor gegen Lübeck, rannte Ritter Keule auf den Platz, um zu jubeln. Dafür bekam er vom DFB, was noch keinem seiner Zunft gelungen war: eine Sperre für ein Maskottchen.

Dabei war er nur ein Waisenknabe gegen den Hooligan unter den Maskottchen. »Cyril the Swan« vom Waliser Klub Swansea City hat schon Fans mit Imbissprodukten beworfen, Schiedsrichter angegriffen und einem feindlichen Maskottchen, Zampa the Lion vom FC Millwall, in einem Halbzeitgerangel den Kopf abgerissen und auf die Ränge geworfen.



Noch schlimmer als dem Löwen erging es einem anderen Vierbeiner. Als die Spieler von Greenock Martin, einer englischen Mannschaft vor dem Ersten Weltkrieg, sich nach gewonnenem Spiel aufs verdiente Gemeinschaftsbad freuten, fanden sie in der großen Wanne dann doch nicht die verdiente Entspannung; nur ihr Maskottchen. Toby, ihr zuvor noch recht lebendiges Schaf, war versehentlich in der Kabine eingeschlossen worden. Und im Spielerbad ertrunken.

## Milan

Dreißig Jahre lang hatte nur ein Klub in einem Finale um den Europapokal der Landsmeister bzw. die Champions League nach 1:0-Führung noch verloren. Das war Bayern München, gleich zweimal: 1987 beim 1:2 gegen den FC Porto und 1999 beim 1:2 gegen Manchester United. 2001 holten die Bayern eigenhändig noch einen anderen ins Verlierer-Boot, als sie den FC Valencia besiegten, der zuvor 1:0 geführt hatte. Doch alle sind sie Waisenknaben gegen den AC Mailand, der 2005 in Istanbul das vollständige kulturelle Erbe des italienischen Fußballs über Bord warf und im unglaublichsten aller europäischen Finals nach 3:0-Führung zur Pause noch im Elfmeterschießen gegen den FC Liverpool verlor. Unzählige, die zur Pause aus- oder umgeschaltet haben, erfuhren es erst am nächsten Morgen aus der Zeitung. Oder von Kollegen: Hast du das gesehen? Immerhin revanchierten sie sich 2007 und schlugen Liverpool im Finale in Athen 2:1. Muss man aber nicht gesehen haben.

## 108 Möglich verstehen?

Giovanni Trapattoni wurde mit seiner »Habe-fertig«-Rede, einer »Symphonie willkürlich verketteter Silben« *(Der Spiegel)*, auf einen Schlag zum populärsten Italiener seit Vico Torriani (der übrigens gar keiner war). Jedenfalls beliebter und berühmter als mit jedem Europapokalsieg. Nach seinem Solo von 3:10 Minuten im Presse-Kabuff des FC Bayern waren der deutsche Fußball und die deutsche Sprache nicht mehr dasselbe. Nicht zu übertreffen das »schwach wie eine Flasche leeer«. Oder der Auswurf: »Wir mussen nicht vergessen Zickler. Zickler ist eine Spitzen mehr Mehmet e mehr Basler. Ist klar diese Wörter, ist möglich verstehen, was ich hab gesagt? Danke.« Dafür ein ewiges Grazie.

## Motivation

Wenn man nicht nur kann, was man muss, sondern das auch will, dann heißt das Motivation. Im Fußball kennt man sich aus mit Ideen, die die Arbeitslust steigern.

**Altruismus:** Viele denken, Fußballer seien totale Egoisten, die sich nur für Geld interessieren. Kompletter Unfug. Der Serbe Sasa Curcic (ehemals Aston Villa) bewies das: »Ich würde nicht für 15 Millionen Dollar den Klub wechseln. Aber es wäre etwas anderes, wenn man mir 15 Frauen aus allen Teilen der Welt anböte. Ich würde dem Präsidenten sagen: Lass mich alle diese Frauen glücklich machen – ich werde sie befriedigen wie niemand zuvor.«



**Frischluft:** Florin Halagian, der Schleifer unter Rumäniens Trainern, ließ 1999 den Teambus von Arges Pitesti auf der Heimfahrt in einem einsamen Wald anhalten. Er warf Torwart Bogdan Vintila raus. Der hatte ein Tor verschuldet. 10 Kilometer Fußmarsch.

**Kleiderwechsel:** Als einer seiner Spieler nach einer 0:6-Niederlage mit einem Gegenspieler Trikots getauscht hatte, nahm der argentinische Trainer Carlos Bilardo das Hemd und zündete es an.

**Knalleffekt:** Faustino Asprilla, kolumbianischer Stürmer, zog beim Training mit CF Universidad de Chile seinen Revolver und ballerte ein paar Salven in die Gegend. Die Kollegen sprangen in Deckung. Asprilla: »Ich wollte nur die Stimmung etwas auflockern.«

**Kultur:** Sam Hammam, Eigentümer des FC Wimbledon, drohte seinen Spielern bei schlechten Leistungen mit dem Äußersten: einem Besuch in der Oper.

**Seelenwanderung:** John Lambie, Präsident des schottischen Klubs Partick Thistle, erfuhr während eines knappen Matches vom Masseur, dass einer seiner Stürmer bei einer Kollision etwas am Kopf abbekommen hatte und nicht mehr wusste, wer er war. »Gut«, ordnete Lambie an. »Sage ihm, er sei Pelé, und stell ihn wieder auf.«

## 110 Mülltonne

Dwight Yorke, Stürmer von Manchester United, entsorgte eine Video-Cassette, auf die er keinen Wert mehr legte – die dann aber nicht in der Müllverbrennung landete, sondern durch die Hand eines unbekannten Finders ein überraschendes Recycling fand. Der Film machte bald die Runde durch Fußball-England. Er zeigte Yorke bei einer Orgie mit vier Frauen und seinem Kollegen Mark Bosnich. Dabei trägt Bosnich Frauenkleider und lässt sich auspeitschen.
Auch wer den Klub wechselt, sollte bei der Mülltrennung sensibel vorgehen. Als der Australier Jason Culina 2005 vom FC Twente zum niederländischen Meister Eindhoven ging, durchwühlten Fans seine Tonne und fanden darin seine Twente-Trikots. Beim ersten Gastspiel im Stadion des alten Klubs wurde er so übel beschimpft und beworfen, dass Trainer Guus Hiddink ihn lieber auswechselte. Kein Wunder, dass man in Italien den schlechtesten Spieler mit der »Goldenen Mülltonne« auszeichnet. Erfolgreichster Deutscher der Wahl war bisher Carsten Jancker. Der »Torjäger« wurde 2004 nach 2 Toren in 34 Spielen für Udine Dritter hinter

Rivaldo, der damals bei Milan herumstümperte, sowie hinter dem Sohn des libyschen Diktators Gaddafi, der beim AC Perugia untergekommen war und wegen Dopings gesperrt wurde. Wenigstens hatte er seine Spritzen nicht in der Mülltonne entsorgt.

## München

Abedi Pele, dem Stürmer aus Ghana, hatte Franz Beckenbauer während seiner Zeit als Teamchef bei Olympique Marseille 1991 immer von München und von den Bayern vorgeschwärmt. Und so glaubte Pele an ein Angebot des Rekordmeisters, als er 1996 einen Anruf aus München erhielt. Doch spätestens als er in blaue und nicht in rote Trikots gesteckt wurde, muss ihm gedämmert haben, dass etwas nicht stimmte. Der Fußball ist da grausam: Knapp daneben ist auch vorbei. Pele blieb zwei Jahre bei den »Löwen«, erzielte volle zwei Tore in 50 Spielen und verabschiedete sich an den Persischen Golf.



---

# Nacktschnecke

Marcell Fensch saß 1997 ahnungslos auf der Bank des 1. FC Köln, als Trainer Lorenz-Günter Köstner ihn plötzlich für den verletzten Verteidiger Schuster auf den Platz schicken wollte. Da merkte der überraschte Abwehrspieler, dass er etwas vergessen hatte: sein Trikot mit der Nummer 22. Er brauchte vier Minuten, um es aus der Kabinezu holen. In dieser Zeit ging Karlsruhe gegen die dezimierten Kölner in Führung und entschied das Spiel. Zum Klassenverbleib fehlten Köln am Ende der Saison drei Punkte. Man könnte auch sagen: ein Trikot.

## Naturalien

Fußballer haben es gut, viel besser als normale Berufstätige: Sie kennen immer ihren Wert.

**200.000 Liter unverbleites Benzin** verlangte 2006 der argentinische Klub Tiro Federal für Cristian Alvarez. Rosario Central konnte den Spritpreis noch etwas drücken und bekam den Torwart für 140.000 Liter.



**550 Beefsteaks** (22 Wochen lang je 25 Stück) erhielt der uruguayische Zweitligist Central Espanol vom Erstligaklub Rentistas für Daniel Allende.

**15 Kilogramm Schweinewurst** entrichtete der rumänische Viertligist Regal Hornia für Verteidiger Marius Cioara von UT Arad. Die schweinischen Witze und Anspielungen, denen sich der Verteidiger umgehend ausgesetzt sah, bewegten ihn, doch von dem Wechsel Abstand zu nehmen: Er erklärte, lieber in Spanien auf einer Farm arbeiten zu wollen.

Drei Gefrierschrankladungen Eiscreme gab Manchester United 1927 Stockport County für den Amateurspieler Hughie McLenahan aus.

**75 Kilogramm frische Krabben**, das Gewicht des abgegebenen Stürmers, erhielt der norwegische Drittligist Vindbjart für Kenneth Kristensen, der 2002 einer Frau wegen zum Inselklub Flekkeroj wechselte.

**Zehn Bälle und einen Trikotsatz** verlangte und erhielt der klamme rumänische Erstligist Jiul Petrosani für Verteidiger

Baicea. Für Mittelfeldspieler Radu gab es **zwei Tonnen Schweinefleisch** – eine Diät, die möglicherweise nicht gut für die Fitness war. Man stieg mit 116 Gegentoren ab.

## Nicht keimfrei

Manchmal hat man, wie Trainer Hermann Gerland in lispelndem Ruhrpott-Deutsch festhielt, »einfach die Scheiße anne Füße«. Mancher hat sie praktisch immer. Zumindest erwies sich ein gewisser Andreas Keim für seine Arbeitgeber nicht gerade als Glücksbringer: Er stieg zwischen 1984 und 1992 mit fünf Bundesligaklubs fünfmal ab.



## Nobelpreis

Fußballer wollen Titel. Kreismeister, Pokalsieger, Weltmeister. Nobelpreisträger ist für gewöhnlich nicht darunter. Und doch gab es einen Kicker, der den großen Geistes-Preis einheimste. Niels Bohr, Torwart in der ersten dänischen Liga und einer der größten Physiker des 20. Jahrhunderts, erhielt 1922 den Nobelpreis. Mehr als 80 Jahre später winkte einem anderen ein ähnlich schöner Lohn – hätte er nur den Namen Bohr gewusst. In der TV-Show »Wer wird Millionär« lautete die 500.000-Euro-Frage so: »Welcher Nobelpreisträger war Fußballnationalspieler für sein Land?« Die möglichen Antworten: **a)** Gustav Hertz; **b)** Niels Bohr; **c)** Pierre Curie; **d)** Henri Becquerel. Der Kandidat gab auf, als richtige Antwort wurde von Quizmaster Jauch b) Niels Bohr genannt. Aber das war falsch, ebenso wie die anderen drei. Denn nicht Niels Bohr war dänischer Nationalspieler; nur sein Bruder Harald (ein Mathematikprofessor).

## Obelix' Erben

Aufgrund der dubiosen Millionen des Sergio Cragnotti schaffte Lazio Rom 2000 den ersehnten italienischen Meistertitel (den zweiten nach 1974) und träumte davon, auch international endlich aus dem Schatten von Juventus, Milan und Inter zu treten. Doch die Zeiten, als die Meisterschaft der Serie A auch den Beweis europäischer Spitzenklasse bedeutete, waren vorbei, wie Lazio tatkräftig bewies. In den Jahren 2000 und 2001 gab es in der Champions League Niederlagen gegen zehn europäische Klubs: Arsenal, Leeds, Real Madrid, Valencia, Feyenoord Rotterdam, PSV Eindhoven, Galatasaray Istanbul, FC Nantes, RSC Anderlecht und, jawohl, den FC Kopenhagen. So viel Prügel in der europäischen Auseinandersetzung haben Römer seit Asterix und Obelix nicht mehr bezogen.



## Österreich

Gleich zweimal schaffte es das Land der Skifahrer in den 90er Jahren, sich zum Gespött der Fußballwelt zu machen. Erst mit dem nordisch-herben 0:1 gegen die Färöer-Inseln in der WM-Qualifikation 1990. Dann mit dem zartbitteren 0:9 in der EM-Qualifikation 1999 gegen Spanien (Torwart Franz Wohlfarth: »Mit mir in Top-Form hätten wir heute 0:8 verloren«.) Es kostete Herbert »Schneckerl« Prohaska, den bekanntesten Vertreter der österreichischen Kombination von Spielkunst und Bewegungsökonomie, nach sechs Jahren den Job als Nationaltrainer. In der Vorbereitung auf die EM im eigenen Land 2008 legten sie nach der verpassten WM 2006 noch einen drauf: mit einem souveränen 1:1 gegen Malta. Und mit einem 2:1-Erfolg in Liechtenstein, der so glücklich und blamabel war, dass der Liechtensteiner Mario Frick die Österreicher mit geradezu wienerischem Schmäh herrlich doppeldeutig empfing: »Willkommen bei den Fußballzwergen.«

## Ohrfeige

Die vermutlich originellste Hinausstellung wegen Tätlichkeit gelang 1997 einem gewissen Melvin Sylvester. Der englische Amateurschiedsrichter, im Hauptberuf Schulhausmeister, wurde beim Spiel zwischen zwei Armeemannschaften von hinten geschubst. Er drehte sich um, haute dem Schuldigen eine runter, wiederholte das aus pädagogischen Gründen – und gab sich dafür selbst die Rote Karte. Ein Zuschauer ersetzte ihn, es gab sechs Wochen Sperre und 20 Pfund Strafe. »Wenigstens«, sagte Sylvester zu seiner Verteidigung, »habe ich mich nicht so gehen lassen wie der südafrikanische Schiedsrichter, der einen Spieler erschoss.«



## Ortsgespräch

Toby Charles hieß jener »Reporter«, der im Telefongespräch mit Kurt Brumme jahrelang jeden Samstag am Ende des WDR-Fußballnachmittags mit heftigem englischem Akzent die Ergebnisse von der Insel vorlas (»Hier kommt 'nen dicken Ding – Liverpool verliert auf die Anfield Road«). Zum festen Programm gehörte die einleitende Frage des Moderators: »Toby, wie ist das Wetter in England?« Das Telefonat war aber nur ein Ortsgespräch – Charles saß, wie 1984 enthüllt wurde, in der Teutoburger Straße 11 in Köln. Die Spielinformationen hatte er aus dem englischen Radio, die Wetterinformationen von seinem Bruder aus Wales.

---

## Pokalverlierer

Stolz präsentierten die Schalker auf einer Triumphtour durch Gelsenkirchen den DFB-Pokal, den sie 2002 aus Berlin mitgebracht hatten. Leider zeigte sich Manager Rudi Assauer der Aufgabe nicht gewachsen. Mit vermutlich nicht mehr verkehrsfähigen Blutwerten versehen, ließ er den acht Kilo schweren Pott vom Festwagen fallen. Der DFB-Pokal überstand das nicht unbeschädigt. Ein Goldschmied musste einige Beulen und Kratzer beheben, ehe das gute Stück mit seinen 250 Gramm Feingold, 12 Turmalinen, 12 Bergkristallen und 18 Nephriten wieder aussah wie vorher. Assauers Leverkusener Kollege Reiner Calmund, dessen Team damals Meisterschale und Europapokal knapp verpasst hatte und dann auch noch von Schalke um den Trostpreis des DFB-Pokals gebracht worden war, sprach seinen Leuten einen Trost zu, der als mildernder Umstand für Assauer zu werten war: »Der Scheißpokal ist eh zu groß und zu schwer.«

## Politiker

Albert Lebrun wurde zum unsterblichen Beispiel für alle peinlichen Politiker, die sich aus verlogener Volksnähe in die Fußballstadien verirren. Der französische Präsident sollte zum Auftakt der Weltmeisterschaft 1938 in Paris den ersten Anstoß ausführen – und trat in den Rasen. Edmund Stoiber traf 64 Jahre später wenigstens den Ball, mit dessen Beförderung er im Bundestagswahlkampf gegen den Fußballkanzler Gerhard »Acker« Schröder sportliche Volksnähe demonstrieren wollte. Leider traf der Ball nicht das Tor, auf das er gezielt worden war, sondern eine danebenstehende ältere Dame, die zu Boden ging und ärztlicher Hilfe bedurfte.

## Präsidenten



Die komischsten Präsidenten hatte immer Schalke 04. Wenn auch nicht immer lange. Einmal wurde es ein gewisser Michael Zylka, aber nur für drei Tage. Günter Siebert hatte erwartet, keinen Gegenkandidaten zu haben, und nach miserablem Saisonstart 1988 die »Vertrauensfrage« gestellt. Da stand das Mitglied Zylka auf, hielt eine Rede und wurde prompt von der tobenden Masse gewählt. Das Blöde war nur, dass Zylka beim Verteidigungsministerium »im sicherheitsrelevanten Bereich« arbeitete, was ihn für manche Medien gleich zum »Geheimdienstler« machte – das war zwar übertrieben, doch eine Funktion als Präsident eines Bundesligaklubs wirkte auch für diskrete Innendienstler nicht gerade wie eine gute Tarnung im Kalten Krieg. Weil ihm das sein Arbeitgeber klarmachte, trat Zylka zurück, und Schalke stand nach nur 72 Stunden wieder führungslos da.

Aber nicht bald, dann folgte dem »Drei-Tage-Präsidenten« der »Sonnenkönig« von Schalke.
Der barocke Günter Eichberg brachte eine bei Verhandlungspartnern beliebte Mischung aus Freigebigkeit und Naivität mit. Bayern-Manager Uli Hoeneß erkannte jedenfalls schnell, dass »so ein Ahnungsloser nicht oft durchs Isartor« kommt. Eichberg verhandelte mit dem Jugoslawen Radmilo Mihajlovic, den die Bayern nur los sein wollten, stand auf und sagte: »Ich gehe jetzt raus. Wenn ich wiederkomme, haben Sie bitte eine Summe in diesen Vertrag eingesetzt.« Mihajlovic trug ein: 500.000 Mark Garantiegehalt, 1,6 Millionen Dollar Handgeld, mietfreies Haus mit Einrichtung, Mercedes für 145.000 Mark. Eichberg stimmte zu, auch bei der Ablöse von 3 Millionen, obwohl Manager Helmut Kremers tags zuvor mit Hoeneß 2,5 Millionen vereinbart hatte.



Ein echtes Schnäppchen. Die Steuerfahndung horchte auf, ermittelte wegen des Handgeldes. Wer musste den Steueranteil zahlen? Mihajlovic sagte: Schalke, und Eichberg zahlte aus seiner Privatkasse knapp eine Million nach. Das Schalker Faktotum Charly Neumann charakterisierte den früheren Präsidenten einmal so: »Er kann nicht nein sagen. Wenn er eine Frau wäre, hätte er bestimmt schon 20 Kinder.«
Das ist aber alles noch gar nichts gegen italienische Präsidenten. Wie etwa Luciano Gaucci, Ex-Busfahrer, später Millionär, der in 13 Jahren beim AC Perugia 17 Trainer entließ, darunter einen, weil der zu einer Pressekonferenz seinen Hund mitgebracht hatte. Gaucci entließ den koreanischen Stürmer Ahn, weil der Italien aus der WM 2002 geköpft hatte. Gaucci verpflichtete Al-Saadi Gaddafi, den Sohn des libyschen Diktators, als Profi; und den früheren Doping-Sprinter Ben Johnson als Konditionstrainer; und

wollte auch noch die deutsche Torjägerin Birgit Prinz in die Serie A holen (der Männer). Er fand sich dann aber zwischenzeitlich in der Serie B wieder, weil er einem Schiedsrichter für ein günstiges Resultat ein günstiges Rennpferd überlassen hatte.

Das ist aber immer noch nichts gegen spanische Präsidenten. Wie etwa Jesus Gil y Gil, der als Bauunternehmer in einem von ihm leider nicht sehr solide erbauten Wohnblock 58 Mieter unter die Erde brachte. Und als Präsident von Atletico Madrid beinahe ebenso viele Trainer loswurde: 39 in 17 Jahren. »Einen Trainer zu ernennen ist für mich nicht mehr als ein Glas Sherry zu bestellen«, sagte Gil, der 141 Spieler kaufte, aber die Jugendabteilung von Atletico auflöste (und so einen Teenager namens Raúl dem Konkurrenten Real überließ). Beim letzten Meistertitel von Atletico 1996 ritt der dicke Gil auf einem Elefanten durch Madrid. Ein Pferd hätte wohl auch nicht mehr gereicht.



Noch eine Steigerung: rumänische Präsidenten. Die müssen nicht mal Ceaucescu heißen, es reicht schon Nicolae Badea. Der Präsident von Dinamo Bukarest, ein millionenschwerer Geschäftsmann, schaffte es in der Saison 2005/06, gleich drei Trainer zu feuern, die mit dem Team allesamt an der Tabellenspitze standen. Der vierte bekam einen Vertrag über eineinhalb Monate. Noch lustiger geht es beim Lokalrivalen Steaua zu, wo Gigi Becali, einer der reichsten Männer Rumäniens, das Zepter führt. Becali forderte, dass für jede Runde, die Steaua im Europacup weiterkommt, eine Kirche erbaut werde. Er hat auch Leonardos Fresko »Das letzte Abendmahl« nachmalen lassen, mit sich selbst als Jesus, umgeben von seinen Jüngern, dargestellt von Trainer und Spielern.

Der lustigste aller Präsidenten ist aber immer noch Josef, genannt Sepp, Blatter. In den frühen 70er Jahren wurde er Präsident der »World Society of Friends of Suspenders«, der Freunde des Strumpfhalters, die ihre Aufgabe darin sah, den Niedergang des Frauenstrumpfes im globalen Trend zur Strumpfhose aufzuhalten. Das misslang, und so stürzte sich Blatter auf ein anderes Feld. Der Schweizer übernahm die FIFA und verhindert seither ganz allein den Niedergang des Fußballs.

## Prinz kütt

Tagtraum eines Fans: aufs Feld stürmen und ein Tor gegen sein Team verhindern. Einer schaffte es, beim 4:1 von Frankreich gegen Kuwait bei der WM 1982. Giresse hatte getroffen, der russische Schiedsrichter Stupar auf Tor erkannt, da stürmte der Präsident des kuwaitischen Verbandes, Prinz Fahed Al-Ahmad, mit einer seiner Ehefrauen erbost auf den Platz. Die Guardia Civil musste das Tohuwabohu auflösen. Was tat der Schiedsrichter? Er nahm das Tor auf Wunsch des Prinzen zurück. Und was taten die Franzosen? Sie erzielten das 4:1 eben gleich noch einmal.



## Psycho II

Wer erinnert sich nicht gern an Stuart Pearce? Das war der englische Verteidiger, der den Ball im Elfmeterschießen des WM-Halbfinales 1990 so hart aufs deutsche Tor hämmerte, dass Bodo Illgner gar keine Chance hatte wegzukommen. Deutschland war im Endspiel, wurde Weltmeister, und England hatte den Elfmeter-Blues. Pearce hat ihn noch immer.

2002 machte »Psycho«, wie sie ihn wegen seiner manisch-humorlosen Art nannten, das letzte Spiel seiner zwanzigjährigen Profikarriere. Es ging um nichts mehr, Manchester City stand seit Wochen als Aufsteiger in die Premier League fest. Man führte 3:1 gegen Portsmouth, die Fans feierten schon lange, da gab es in der 90. Minute Elfmeter. Logisch, wer ihn ausführen würde: der Mann, der in seinem letzten Spiel, drei Tage vor seinem 40. Geburtstag, das hundertste Tor seiner Karriere schießen sollte. Auch der gegnerische Torwart Dave Beasant war in Gönnerlaune, wie Pearce bekannte: »Er sagte mir, er werde sich nicht bewegen, ich solle den Ball einfach in eine Ecke schießen.« Aber er konnte sich wohl nicht entscheiden, in welche. Stuart Pearce legte den Ball auf den Elfmeterpunkt. Dann schoss er ihn über das Tor.

## Rausgerutscht

Im Eifer des Gefechts schlüpft einem schon mal was raus. So wie einmal dem Dortmunder Sebastian Kehl, dem der Gladbacher Gegenspieler Peer Kluge im Zweikampf an die Hose ging, wobei er versehentlich ein sehr persönliches, locker baumelndes Organ freilegte. Kehl schüttelte den Kopf und packte ein.

Häufiger rutscht aber mal das falsche Wort raus. Wie bei Oliver Kahn, als er befand: »Die Holländer sind vorne vom Feinsten bestückt.« Was ziemlich schmerzhaft enden kann, wie die Deutsche Presse-Agentur 1996 beobachtete: »Neubarth köpfte den Ball an die Latte des eigenen Torwarts.« Karl-Heinz Feldkamp ließ als WM-Experte 1998 mit einer anatomischen Analyse aufhorchen: »Babbel hat das Loch von Kohler hervorragend ausgefüllt.« Den Ball nahm Johannes B. Kerner 2002 auf, als er einen Vergleich von Teamchef Völler mit Vorgänger Beckenbauer anstellte: »Wieviel Franz steckt in Rudi?« Und Steffen Freund schwärmte nach seinem ersten Länderspieleinsatz: »Es war ein wunderschöner Augenblick, als der Bundestrainer sagte: »Komm Steffen, zieh deine Sachen aus, jetzt geht's los.«

Das schönste Abgleiten unter die Gürtellinie gelang aber 2003 der *»Hamburger Morgenpost«*. Das Boulevardblatt hielt fest, was ein Trainer (hier: Klaus Toppmöller beim HSV) für den Erfolg alles zu tun bereit ist. Schlagzeile: »Ich will, dass ihr geil seid.« Unterzeile: »Der neue Heilsbringer bläst seinen Profis die Köpfe frei.«

## Reisen bildet

Fußballer kommen viel rum. Zum Glück gibt es Manager, Sekretärinnen, Busfahrer, die sich unterwegs um sie kümmern. Vor allem um die, die damals nach der C-Jugend Geographie abgewählt haben.

»Ich habe immer gesagt, dass ich niemals nach Österreich wechseln würde.«
*(Jürgen Wegmann auf die Frage, ob er zum FC Basel wechsle)*

»Madrid oder Mailand, Hauptsache Italien.«
*(Andreas Möllers legendäres Karriere-Navigationssystem)*

»Wir sind auf dem Weg nach Rio!«
*(Ein schottisches Blatt vor der WM 1978 in Argentinien)*

»Jetzt fahren wir selbstbewusst an die Ostseeküste.«
*(Das »Bayern-Echo« vor einem Spiel in Bremen)*



»Die Nordhessen brauchen einen Sieg, um in der Champions League zu bleiben.«
*(Der hessische Radiosender FFH, der im »Sporttelex« den Hamburger SV eingemeindete)*

»Anne Grenzstraße.«
*(Ernst Kuzorra zum schwedischen König auf die Frage, wo Schalke liege)*

»Immer die Castroper Straße rauf.«
*(Torsten Legat erklärt, wie er zum Bodybuilding kam)*

## Reizwäsche

In England beschloss 2003 das Amateurteam Moneyfields Sports nach einer Niederlagenserie, mal etwas Neues zu versuchen: nämlich unter der Fußballkleidung Damenunterwäsche zu tragen. Mit BH und Damenslip starteten die Kerle aus Portsmouth eine Siegesserie. Doch richtig Freude hatten sie nicht daran. »Ich hoffe, wir verlieren bald wieder«, fand der Kapitän, »das Zeug ist einfach zu unbequem.« Der Wunsch wurde erfüllt, bald durften die Spielerfrauen ihre Dessous wieder selber tragen.

Dass auch in oberen Klassen in Sachen Unterwäsche einiges abgeht, enthüllte Chefredakteur Rainer Holzschuh, ein bewährter Metaphern-Virtuose, auf der DVD zum »Kicker«-Sonderheft 2006/07. Seine Enthüllung über den Aachener Jan Schlaudraff: »Ein wichtiger Korsettträger.«

## 124 Ribbeck

Schon als Assistent von Jupp Derwall war er von einigen Nationalspielern abgekanzelt worden: »Du hast hier gar nichts zu sagen.« Derwalls Nachfolger wurde dann auch – abweichend von der DFB-Tradition – nicht er, sondern Beckenbauer. Viel später, als Teamchef, nachdem der DFB bei den ersten vier, fünf Kandidaten für die Nachfolge von Berti Vogts gescheitert war, wurde er es dann doch. Er kam aus Teneriffa und hatte plötzlich ganz viel zu sagen, in lang gewundenen Sätzen – aber es half auch nichts. In seine zwei Amtsjahre fallen einige der peinlichsten Niederlagen der DFB-Geschichte, etwa das 0:3 gegen die USA beim Confederations Cup 1999; oder das 0:3 gegen Portugals B-Team bei der EM 2000. Mit der schlechtesten Turnierleistung aller

Zeiten verabschiedete sich das deutsche Team sieglos von dieser EM – und Erich Ribbeck gleich mit.
Während sein Assistent Horst Hrubesch wenigstens ein Buch über »Dorschangeln vom Boot und an den Küsten« schrieb, das wohl nützlichste aller Fußballerbücher, und sich überdies als Wortschöpfer verewigte (»Man lässt das alles noch mal Paroli laufen«), blieb von Ribbeck nichts – selbst wenn man seine Sätze in Bedeutung aufzulösen versuchte, blieb nur ein Vakuum. Der schönste Ribbeck-Leersatz lautet so:
»Ich kann es mir als Verantwortlicher für die Mannschaft nicht erlauben, die Dinge subjektiv zu sehen. Grundsätzlich werde ich versuchen zu erkennen, ob die subjektiv geäußerten Meinungen subjektiv sind oder objektiv sind. Wenn sie subjektiv sind, dann werde ich an meinen objektiven festhalten. Wenn sie objektiv sind, werde ich überlegen und vielleicht die objektiven subjektiv geäußerten Meinungen der Spieler mit in meine objektiven einfließen lassen.«



## Rollende Angriffsmaschine

Es bleibt ein Rätsel, ob Brasiliens Fußballer ihrem WM-Auftritt 2006 das richtige Gewicht beigemessen haben. Zum Beispiel Ronaldo. Der wog während der WM laut Fifa 82 Kilo (bei einer Körpergröße von 1,83 Metern). Auf der eigenen Internet-Seite wog er 80 Kilo (spanische Version) beziehungsweise 87 (portugiesische Version). Später im Laufe der WM wog er bei beiden 86. Zum selben Zeitpunkt gab Konditionstrainer Moraci Sant'Anna wieder etwas anderes bekannt: 90,5 Kilo. Bei Ankunft in Deutschland seien es 94,7 gewesen.

Man fragt sich, warum er trotzdem spielte. Kampf dem Fitnesswahn? Schluss mit Mager-Models? Dicken eine Chance? Eher sah es aus, als müsse da eine weltweite Werbekampagne durchgezogen werden, mit Ronaldo als Nachfolger von Gerd Müller. Und weil er deshalb auch als Pummel seinen Stammplatz bekam, schaffte er die drei Tore, um Müller als besten WM-Schützen zu überholen. Pardon: zu überrollen.

## Rollenverständnis (1)

Gern erzählte Wolfgang Kleff den Witz, warum Sepp Maier seinen Hund umgebracht hätte: »Auf die Frage, wer ins Tor der Nationalelf gehörte, sagte er immer: Kleff!« Der Gladbacher Torwart war ein Spaßvogel, nicht nur wegen der optischen Ähnlichkeit mit Otto Waalkes. Einmal aber griff er trotz funktionierender Verdauung im falschen Moment zum Klopapier. Die Borussia spielte zum ersten Mal im Europapokal und stand im Achtelfinale 1970 gegen den FC Everton. Die Fans des englischen Meisters bewarfen das Spielfeld auf dem Bökelberg mit Papierschlangen. Kleff wollte gerade seinen Strafraum von Klorollen säubern, als Kendall ihn mit einem unerwarteten Schuss aus 30 Metern zum 1:1 überwand. »Everton muß den Schmutzfinken danken«, schrieb das Boulevardblatt »Daily Mirror«. Gladbach scheiterte im Rückspiel im Elfmeterschießen.

## Rollenverständnis (2)

Der East Sterlingshire FC hat nicht viel zu lachen. In 126 Jahren gewann der schottische Klub keinen einzigen Titel. Der einzige Kontakt zur großen Fußballwelt war der Halbtagsvertrag mit einem gewissen Alex Ferguson, der hier 1974 seinen ersten Trainerjob antrat (und nur dreieinhalb Monate blieb). Nachdem »Sterling« von 2003 bis 2006 drei Jahre lang Tabellenletzter der »Third Division« war, der untersten Profiklasse, aus der man eigentlich nicht absteigen kann, wurde 2006 beschlossen, dass künftig Klubs, die zweimal Letzter waren, nach zwei weiteren Jahren misslungener Bewährung aus dem schottischen Profiligasystem ausgeschlossen werden können.

East Sterlingshire, ohnehin schon als »schlechtester Klub Großbritanniens« gebrandmarkt (Durchschnittsbesuch: 302 Zuschauer, Durchschnittsgehalt: 60 Euro im Monat), drohte ein peinliches Debüt. Dann wurden dem Klub auch noch die Torpfosten geklaut (obwohl der Manager dementierte: Es sei nur »etwas Altmetall« abhandengekommen). Und dann kamen auch noch die englischen Hooligans. Beim Gastspiel von Berwick F.C., dem Klub aus der nördlichsten Stadt Englands und dem einzigen aus England, der in der schottischen Liga spielt, bewarfen zwei Schlachtenbummler einen Polizisten mit einer Rolle Klopapier. Der schottische Ordnungshüter ließ die englischen Rowdys für eine Nacht auf dem Revier schmoren. Dann kam ein weiser Richter und ließ sie wieder frei. Eine Lokalzeitung hielt seine Begründung fest: »Er hielt es für ausgeschlossen, dass Berwick zwei Anhänger hat.«

## Rot gesehen

Rote Karten sind immer blöd. Einige aber sind noch blöder. Ein paar der bescheuertsten Fälle von Platzverweis:

- **Kameradenschwein:** Ashley Grimes vom englischen Zweitligaklub Luton Town beleidigte im März 1987 seinen Teamkollegen Rob Johnson nach vergebener Torchance so drastisch, dass er Rot sah.
- **Dumme Sau:** Mit dieser Einschätzung des Schiedsrichters verdiente sich der Schalker Erwin Kremers in den letzten Minuten des letzten Saisonspieltags einen Platzverweis – und verpasste die Chance, Weltmeister zu werden: Er flog aus dem deutschen WM-Kader 1974.
- **Entenschreck:** Sam Nuttall, Amateurspieler des englischen Klubs Wakefield, erzielte 1999 ein Ausgleichstor, rannte jubelnd 150 Meter weit und sprang in einen Ententeich. Als er wieder auftauchte, hielt ihm der Schiedsrichter den Marschbefehl entgegen: wegen übertriebener emotionaler Enthemmung. Sein Team verlor 1:3.
- **Zappelphilipp:** Claudio Caniggia sah bei der WM 2002 die Rote Karte wegen seines Verhaltens auf der argentinischen Bank. So trat er bei seiner letzten WM keine einzige Minute als Spieler in Erscheinung.
- **Multitalente:** James McKenzie (Albion) brachte es 2001 in der ersten Saisonhälfte der dritten schottischen Division auf drei Einsätze – und auf drei Rote Karten. Das ist allerdings kein Rekord, nicht mal schottischer: Dean Windass (Dundee United) schaffte 1997 drei Rote Karten in ein und demselben Spiel. In der 1. Minute verwarnt, sah er in der 22. Gelb-Rot, beschimpfte den Schiedsrichter so heftig, dass der die Rote Karte nochmals zückte, und kaum war er end-

lich vom Platz, rannte er zur Eckfahne, riss sie heraus und schmetterte sie auf den Boden – dafür gab's die dritte Rote Karte. Und sieben Wochen Sperre.

- **Rekonvaleszent:** Christian Obodo (Udinese) übte sich 2005 in der alten italienischen Kunst des Zeitschindens. Drei Minuten vor Ende sank er zu Boden und wälzte sich wie ein akuter Notfall. Um die Rettung zu beschleunigen, hob ihn ein Betreuer des gegnerischen Teams Siena auf eine Trage. Da genas Obodo und schleuderte dem ungebetenen Sanitäter eine Wasserflasche ins Gesicht. Folge: ein Massengerangel. Und Rot für den Wiederauferstandenen.
- **Hosenträger:** Besonders schwer zu verstehen sind Strafen für Kicker, wenn sie doch nur tun, was man ihnen sagt. Der Schiedsrichter sagte Anfang 2007 zu Bebeto (nicht zu verwechseln mit dem Weltmeister von 1994) vom brasilianischen Klub Teresina, er solle seine Hose wechseln. Er ging zur Außenlinie und tat, wie ihm befohlen. Leider hatte er keine Unterhose an. Das gab errötende Damengesichter. Und Rot.
- **Vokabeltrainer:** Erst schickte der Schotte Gordon den Niederländer Rene van der Kerkhof vom Platz (beim 2:2 im WM-Spiel Deutschland gegen Holland 1978), dann berichtigte er sich, holte ihn wieder zurück und zeigte Dirk Nanninga die Rote Karte. Wofür? Schiedsrichterbeleidigung. Nanninga beteuerte, er habe nur gefragt, ob man weiterspielen dürfe. Gordon räumte ein, er habe Nanninga nicht verstanden. Aber es sei nicht nett gewesen. (Achtung: Man kann auch Leute beleidigen, die nichts verstehen.)
- **Faustkämpfer:** Oliver Kahn wollte bei 2:3-Rückstand den Ausgleich erzwingen, stürmte bei Eckball für die Bayern in den Rostocker Strafraum, und es gelang: Er beförderte den

Ball ins Tor. Mit einer wuchtigen Faustabwehr. Gelb-Rot für absichtliches Handspiel – 100 Meter vor seiner Torlinie.

## Rotation

Kein Top-Team kommt zwischen heimischer Liga und Europacup mehr ohne dieses Zauberwort aus – einzelne Spieler, ja ganze Mannschaftsteile werden von Woche zu Woche »rotiert«. Den Europarekord in dieser Übung hält aber keiner der üblichen Verdächtigen, sondern ein gewisser IFK Växholm. Dessen A-Team verlor einmal am letzten Spieltag der vierten schwedischen Liga beim Tabellenletzten Ekerö IK mit dem ungewöhnlichen Ergebnis von 0:24. Wie das kam? Das A-Team des Klubs konnte nicht mehr absteigen, das B-Team aber noch aufsteigen. Es brauchte einen Sieg. Also rotierte Växholm gleich die kompletten Mannschaften: Das A-Team lief fürs B-Team auf, das B-Team fürs A-Team. Es ist zu vermuten, dass der dabei ausgetrickste Gegner ziemlich ins Rotieren kam.



## Rückpass

Bei dieser Aktion handelt es sich nicht selten um eine heikle Sache. Besonders, wenn man zum Torwart zurückpasst. Und ganz besonders, wenn der Torwart gar nicht da ist. Der Hamburger Rafael van der Vaart schlug bei 0:1-Rückstand in der Nachspielzeit im Februar 2006 einen Freistoß hoch in den Stuttgarter Strafraum – und bekam den von dort abgewehrten Ball wieder vor die Füße. Wohin damit? Unter Druck eines Gegenspielers beschloss er, abzudrehen und den Ball von der Mittellinie zum eigenen Tor zurückzuspielen.

Dumm nur, dass Torwart Wächter nicht dort stand – sondern im gegnerischen Strafraum, wo er zu einem späten Ausgleich beitragen wollte. Als van der Vaart die Bescherung sah, wetzte er verzweifelt dem Ball hinterher. Gomez war schneller, erwischte ihn kurz vor der Linie, schoss das 2:0 – und bewahrte den Holländer wenigstens davor, das längste Eigentor der Geschichte zu schießen. Ein anderer Titel war ihm trotzdem sicher. Die englische Zeitung »Guardian« nannte es »den schlechtesten Rückpass aller Zeiten«.

---

## Sakko

Ulrich Stielike nahm mit dem Griff in seinen Kleiderschrank den bevorstehenden Niedergang des deutschen Fußballs modisch schon 1998 vorweg. Bei seiner Vorstellung als DFB-Trainer und Assistent von Teamchef Ribbeck griff Stielikes atemraubende Karosakko/Streifenwesten/Punktschlips Kombination nahezu alle optischen Elemente der Trikothistorie auf. Eine Art visuelles Revanchefoul. Sepp Maier meinte: »Als er das Sakko kaufte, hat sogar der Blindenhund geknurrt.« Der Österreicher Hans Krankl empfahl: »Allein wegen seiner Sakkos müsste man ihn entlassen.« Das geschah dann aber aus ganz anderen Gründen kurz vor der EM 2000.

## Schaler Beigeschmack

Der FC Tirol suchte 1993 händeringend nach Werten, die zu versilbern waren – der österreichische Meister war nämlich bankrott. Leider war mit der Zahlungsfähigkeit auch der einzige pfändbare Wertgegenstand abhandengekommen: die Meisterschale. Der Insolvenzverwalter suchte das verwertbare Altmetall vergeblich.

## Scherzkeks

Ray Parlour, englischer Nationalspieler von Arsenal London, landete 1995 in einer Gefängniszelle in Hongkong. Nach einem Abend mit einem Bierverbrauch von knapp sieben Litern hatte er den Taxifahrer während der Fahrt unentwegt mit chinesischen Keksen beworfen.

## Schlappen



Die offizielle Produktbeschreibung lautet so: »Klassische Duschpantolette mit gefütterter Bandage und vorgeformtem Fußbett«. Weil das doch eher sperrig klingt, ist seinerzeit, als Deutschland noch Welt- und Europameister war und damit führend auch in fußballmodischen Fragen, zusätzlich zum Begleiter für den freizeitlich federnden Fußballerfuß der klassisch-griffige Name dafür gleich miterfunden worden: die Adilette. Über 30 Jahre bereits dient sie als Fußbettgenosse, mit gefütterter Bandage, Saugnapf-Profil, ergonomisch geformter Sohle. Allerdings gibt es die Hochleistungsbadelatsche nicht ohne Risiken und Nebenwirkungen. 1982 knickte Uwe Reinders beim Tischtennis im WM-Quartier in Adiletten um. Ohne ihn verlor die deutsche Elf das Finale gegen Italien. Eine schöne Schlappe.

## Schlechte Schwalbe

Eine der überraschendsten Blitzheilungen der Fußballgeschichte erlebte der Brasilianer Rivaldo im WM-Vorrundenspiel 2002 gegen die Türkei: Nach Ballberührung am Schienbein erlitt er ein spontanes Hirnschädeltrauma, von dem er nach erfolgter Rot-Therapie für den Türken Hakan Ünsal blitzartig genas. Er übernahm damit von Andy Möller die Führung in der nach oben offenen ewigen Weltrangliste der schaurigsten Schwalbe.

Dass man beim Fußball auch einen Vogel haben kann und dennoch alles mit rechten Dingen zugeht, erlebte Danny Worthington im September 1999. Der C-Jugendliche zielte im Spiel der Stalybridge Celtic Colts gegen die Hollingworth Juniors in der Region Manchester seine Hereingabe ziemlich schlecht: Keiner seiner Mitspieler vor dem gegnerischen Tor kam an den Ball. Dafür aber eine den Fünfmeterraum durchquerende Möwe. Der Ball flog der Möwe an den Schnabel an und von dort ins Netz. Der Schiedsrichter gab das Tor. Die Möwe verharrte für einen Moment, leicht erstaunt und angeschlagen, dann erhob sie sich und flog vom Platz. Noch ein Fall von Blitzgenesung.



## Schlussverkauf

Kauf dir was ... zum Beispiel einen Titel. Bernard Tapie bezahlte als Präsident von Olympique Marseille 1993 250.000 Francs für den Sieg im letzten Auswärtsspiel der Saison in Valenciennes und damit den vorzeitigen Meistertitel – sechs Tage vor dem Champions-League-Triumph gegen den AC Mailand. Zur Strafe landete der Meister in der 2. Liga (ohne Meistertitel) und der Adidas-Chef und Ex-

Minister Tapie für acht Monate im Gefängnis. Olympique-Generaldirektor Jean-Pierre Bernes gab später zu, dass für solche »Maßnahmen« pro Jahr 5 bis 6 Millionen Mark zur Verfügung gestanden hätten.

Kauf dir was … zum Beispiel einen Schiedsrichter. Luciano Moggi kaufte gleich eine ganze Stange Schiedsrichter und bestimmte über die Ergebnisse, die für Juventus Turin immer günstig waren. Als es aufflog, infolge abgehörter Telefonate, landete Moggi vor Gericht und Juve in der Zweiten Liga. Aber sie werden es ihm schon noch danken, so wie es auch Constant Vanden Stock erlebt hat. Der Präsident des RSC Anderlecht bestach 1984 vor dem UEFA-Cup-Halbfinale gegen Nottingham Forest den spanischen Schiedsrichter Gurizeta Muro mit über 50.000 Mark – wofür der belgische Klub 13 Jahre später für ein Jahr von europäischen Wettbewerben ausgeschlossen wurde. Der Spielervermittler René van Aaken, der Vanden Stock mit dem Wissen von der Bestechung jahrelang erpresst hatte, behauptete, Belgiens Meisterschaft sei zwölf Jahre lang von Anderlecht verfälscht worden, pro Saison habe der Klub fünf bis sechs Spiele gekauft. Der Klub erwies sich gegenüber dem freigebigen Präsidenten als dankbar: Er benannte sein Stadion nach ihm. Demnächst also wohl auch in Turin: das Stadio Luciano Moggi.



## Schnäppchen

Was billig ist, kann nicht viel wert sein: Gemäß dieser auch im Fußball anzufindenden Einstellung ließ der FC Millwall 1982 die Chance aus, einen gewissen Tony Cascarino zu verpflichten. Das Tafelsilber hätte man für ihn nicht verscherbeln müssen: Der junge Ire ging stattdessen zum FC Gillingham, der dafür dem FC Crockenhill nur einen neuen Satz Trikots und einige Ausrüstungsgegenstände spendierte. Sachwert: 180 Pfund. Als Geldanlage machte sich der Stürmer gut. Sechs Jahre und 76 Tore später war er mehr als das Tausendfache wert. 200.000 Pfund bezahlte für ihn … der FC Millwall.

## Schubidu

England hat schon viele Gründe gefunden, warum's im Fußball nicht läuft. Einen der besten fand Rio Ferdinand: David Beckham ist schuld. Genauer: sein Musikgeschmack. Der Kapitän bestimmt die Beschallung in der Kabine. Bis Beckham nach der WM 2006 als Kapitän und DJ abgelöst wurde, war die Musikauswahl so, »dass die Spieler förmlich einschlafen«, wie die »Sun« befand, und »spielen wie Zombies«. Laut Ferdinand handelte es sich bei dem schlaffen Potpourri um Robbie Williams, Balladen, sanft Poppiges, kurzum: »Kaufhausmusik«.



Leider ist der Zusammenhang von Klang und Kick immer noch eine Grauzone der männlichen Psyche. Herberger ließ die Spieler selber singen. Nachfolger Schön hatte 1978 in Argentinien Franz Lambert als Lager-Organisten dabei, und die Sache ging furchtbar schief. Schon Beckenbauer erlitt Stimmbruch (»Gute Freunde kann niemand trennen«); zu schweigen von strafbaren Rudelbildungen wie dem »Tragischen Dreieck« Haber/Bobic/Poschner (»Steh auf«) oder Hamann/Zickler/Ziege als »Keksi & Die Falschen Freunde« (»Ohne dich«).

Der arme Fußball: In seinem Namen wurden einige der übelsten akustischen Blutgrätschen fabriziert. Etwa Udo Lindenbergs WM-Song von 1982:

»Deutsche Männer, das weiß doch wohl jeder
sie treten das Leder
direkt in das Netz hinein
ein Torero schaut fassungslos zu
und sein Stier sagt nur leise noch: Schubidu
bei uns in Spanien, ja, in Spanien.«

**Oder Peter Neumayer, genannt Alexander, 1986:**

»Glocken der Freiheit schlagen in Kirchen
ihr Lied ohne Ende
Das Leben malt Bilder aus Licht und aus
Schatten auf schneeweiße Wände
Sombreros verbergen den Stolz in den
Augen der einsamen Männer
Zärtliche Mädchen verschenken
die Sehnsucht im Dunkel der Nacht.«



**Oder derselbe, diesmal im »Fußball-Rap«**

»Die ganze Menge johlt
denn unser Stürmer holt
Sich einen Flankenball
im freien Fall
und schießt ihn nur ganz knapp am Tor vorbei.
Er rauft sich das Haar,
weil's daneben war
und fällt vor Wut vorm Gegner auf die Knie
denn dieser Schuss war halt schon Fehlschuss Nr. 2

Er ruft: Ha, ha, das ist doch net wahr
Oh, oh, ich bin nicht mehr klar
Si, si, dass ich so daneben lieg.«

**Oder jene Version des Prince-Klassikers »Purple Rain«, die der FSV Frankfurt nach dem Zweitliga-Aufstieg 1994 als Vereinslied adaptierte:**

»Nach unten schaun ist schwach
oben gibt's doch viel mehr zu sehen
Mailand, Barcelona sind nun mal nicht Egelsbach«.

Der FSV wurde übrigens der schlechteste Klub seit Einführung der eingleisigen Zweiten Liga 1981. Ist bestimmt was dran an der Beckham-These.

## Schuhe



Das größte Volk der Erde war nur einmal beim Höhepunkt des größten Volkssports der Erde vertreten – bei der WM 2002 scheiterte China kläglich. Das zweitgrößte Volk der Erde sollte schon ein halbes Jahrhundert eher mitmachen. Indien war für die WM 1950 gemeldet. Man musste sich nicht groß qualifizieren, denn so kurz nach dem Krieg konnte sich kaum einer die teure Reise nach Brasilien leisten. Am Ende kamen nur 13 Teams zusammen. Nummer 14: die Inder. Doch sie wollten, wie zu Hause gewohnt, barfuß antreten. Barfuß hatten sie bei den Olympia 1948 in London gespielt und auf dem kalten, nassen Rasen von Wembley nur 1:2 gegen Frankreich verloren. Da war ihnen auf dem tropisch fußwarmen Geläuf von Rio gewiss etwas zuzutrauen. Ohne Schuhe aber darf man keinen Fußball spielen, jedenfalls keine WM, entschied die FIFA. So blieben die Inder daheim. Und warten immer noch auf ihre erste WM.

## Schutzschwalbe

Nachdem die gemeine Schwalbe zur verfolgten Gattung im Stadion-Biotop wurde, lebte eine Verwandte auf, für die schon der Großmeister des Freiflugs, Andreas Möller, das schöne Wort »Schutzschwalbe« fand. Er meinte damit einen Akt der Prävention: das Vortäuschen eines Fouls, um diesem vorzubeugen. Dieses Denkmodell erlaubt zugleich das gute Gefühl, völlig im Recht zu sein: Man gibt dem Schiedsrichter die Chance, ein Foul zu pfeifen, bevor es passiert ist.

Doch damit war es nicht getan. Der logische nächste Schritt der Entwicklung: die Scheinschutzschwalbe. Entweder: Foulen, dann den Gefoulten, der sich am Boden krümmt, anbrüllen, er solle aufstehen und mit dem Schauspiel aufhören. Oder, noch besser: Foulen, dann selber den Gefoulten mimen. So entging Michael Essien in seiner ersten Chelsea-Saison gegen Bolton einer Roten Karte. Erst unterzog er ein Fremd-Knie einer entschlossenen Haltbarkeitsprobe, dann blieb er, Gefahr ahnend, schreiend liegen, als hätte ihn ein Esel getreten. Wer war Täter, wer Opfer? Die Schutzschwalbe nutzt die humane Regung aus, dass einer, der sich vor Schmerzen krümmt, schon gestraft genug sei. Vor allem ist sie ansteckend – eine Abart der Vogelgrippe.

## Schwalben mal anders

Sie gilt als Sauerei, die Schwalbe, dabei kann sie, im richtigen Moment eingesetzt, dem Wohle des großen Ganzen dienen. Wie, das demonstrierte 1945 der Schiedsrichter Stampacchia im Derby Neapel gegen Salernitana. Als er die Kontrolle über das Spiel zu verlieren drohte und fanatische Zuschauer aufs Spielfeld stürmten, griff er statt zur Pfeife zu einer wirksameren Maßnahme: Er stürzte zu Boden, als sei er von einer Kugel getroffen worden. Die betroffene Menge scharte sich um ihn, der Aufruhr war vorbei, die Volksseele auf einen Schlag abgekühlt. Da erhob sich der plötzlich genesene Schiedsrichter, schickte die Zuschauer vom Platz und setzte die Partie fort.

60 Jahre nach der Schiedsrichterschwalbe erlebte eine weitere Variante ihr Debüt: die Trainerschwalbe. Norbert Meier, Trainer des MSV Duisburg, geriet mit dem Kölner Spieler Albert Streit aneinander, versetzte ihm einen Kopfstoß und ließ sich theatralisch zu Boden fallen, als sei er es, der niedergestreckt worden war. Der Schiedsrichter fiel darauf herein, gab Streit Rot. Doch Fernsehbilder enthüllten die schlechte Show. Meier wurde gesperrt und war den Job los.



## Schwänze, kurz

Joe Royle, Trainer des FC Everton, nannte Schiedsrichter David Elleray in einem Spiel 1997 einen »Pterodactylus« und glaubte sich damit auf der sicheren Seite. Pterodactylus ist der Name eines ausgestorbenen Stummelschwanzsauriers und damit eine ziemlich idiotensichere Beleidigung. Elleray aber war Schulhausmeister und schob täglich die Saurierschautafeln in den Biologie-Saal. So wusste er, was gemeint war. Das brachte Royle eine Geldstrafe von mehr als tausend Pfund: wegen prähistorischer Schiedsrichterbeleidigung.

## Schwänze, lang

Ernst Kuzorra, Säulenheiliger des FC Schalke 04, wurde gefragt, warum Fußballer früher so lange Sporthosen trugen. Da weihte er den Rest der Welt in die Geheimnisse der Fußballanatomie ein: »Weil wir so lange Dödel hatten.«

## Schwein gehabt

»Nach dem Spiel nehme ich mir immer vor, elf andere Spieler aufzustellen. Unter der Woche sind es dann nur noch fünf, und am Ende spielen doch wieder dieselben elf Pfeifen!« Dieser schöne Satz über die Ohnmacht des Trainers stammt von John Toshack, der zweimal Real Madrid trainierte. Und der vorhersagte: »Eher fliegt ein Schwein über das Bernabeu-Stadion, als dass ich als Real-Trainer entlassen werde.« Nach drei Monaten war er entlassen, auf das Schwein warten sie in Madrid noch heute.



Dafür kam vier Jahre später David Beckham, der sich bald schon nicht nur mit beinharten Verteidigern, sondern auch mit einer gewissen Rebecca Loos herumärgern musste. Die Diplomatentochter brüstete sich mit einer angeblichen Affäre mit »Becks«. Der Schweinkram war nicht belegbar, doch die Dame holte das in aller Öffentlichkeit nach. Ihr bisschen Bekanntheit durch das Affärengerücht reichte aus, ihr eine Rolle in der TV-Reality-Show »The Farm« (Inhalt: drittklassige Prominenz bei der Landarbeit) zu beschaffen. Dort demonstrierte Miss Loos ihr handwerkliches Geschick, als es darum ging, einem Eber das Rohmaterial für eine künstliche Befruchtung zu entlocken. Nach rund zehn Minuten lag das Ergebnis auf der Hand. Es gab massenhaft Proteste von TV-Zuschauern wegen der »ekelhaften Bilder«. Rebecca Loos konnte die Aufregung nicht verstehen: »Ich habe dem Schwein doch nur einen runtergeholt.«

## Schwuler Verdacht

England als Fußball-Weltmeister, Deutschland ganz mühelos für die WM qualifiziert, ja bis ins Endspiel vorgedrungen. All das ist wirklich geschehen, nicht nur 1966, sondern auch 2001: bei der Homosexuellen-WM. Die Engländer sahen sich damals mit ihrem historischen Erfolg über Deutschland als mentale Pfadfinder für den wenige Wochen später folgenden 5:1-Erfolg von München (in der heterosexuellen WM-Qualifikation). Bald aber wurde der Titelgewinn von einem Nominierungsskandal überschattet. Wie sich herausstellte, hatten die Engländer eine nicht-schwule Sturmspitze aufgeboten. (Brauchten sie gegen Deutschland nicht fast immer fremde Hilfe? Schon damals beim Wembley-Tor von diesem Bachramow.) Unter Protest verließ ein Spieler das Team und gründete ein neues: »Ich stelle lieber einen schwulen Stürmer mit zusammengebundenen Beinen auf als Michael Owen, der straight ist«, sagte er. Und fügte ominös hinzu: »Wenn Owen sich aber als schwul herausstellen sollte, dann würde ich ihn natürlich bevorzugen.« Nun, bisher haben sie es nicht geschafft, den Stürmer zum Vorspiel zu gewinnen.

## Sitzfußball

Karl Sesta, genannt »Schasti«, hieß der österreichische Verteidiger aus dem »Wunderteam« der frühen Dreißiger, der sich einmal unsterblich blamierte. Im Spiel um Platz drei bei der WM 1934 konnte der bullige Stopper den deutschen Torjäger Eduard Conen zunächst mal ziemlich anschmieren: »Plötzlich war der Ball verschwunden, weil der Kerl sich mit seinem Hintern draufsetzte«, erinnerte sich Conen. Die Zuschauer lachten schadenfroh. Kurz vor der Pause probierte Sesta das wieder, doch diesmal war Conen auf der Hut. Er spitzelte ihm den Ball unterm Hintern weg zu Lehner, der schob ihn ins Tor. Deutschland gewann 3:2. Das saß.

## Sozialleistung

In den späten 90er Jahren waren um fast jeden Preis Fußball-Holländer gefragt (später waren es dann die Brasilianer). Davon profitierte ein gewisser Winston Bogarde, der für ein Heidengeld beim FC Chelsea landete. Dort wiederum schnell auf der Tribüne, was ihn aber nicht weiter juckte. Er saß seinen Vertrag aus. »Warum sollte ich 15 Millionen Euro wegschmeißen, die mir schon sicher sind?«, schrieb er in seiner Autobiographie. »Ich war vermutlich einer der schlechtesten Einkäufe in der Geschichte der Premier League, aber das ist mir egal.« Wenigstens durfte der Londoner Klub, der später durch den russischen Milliardär Abramowitsch der spendabelste der Welt wurde, den Bogarde-Flop als Sozialleistung verbuchen. »Wenn ich es nicht als Fußballprofi geschafft hätte«, so Bogarde, »dann wäre ich ein Krimineller geworden. Ein großer.« Und dann hätte vielleicht er Chelsea gekauft. Und nicht Abramowitsch.

## Spaghettifresser

Chile kam bei der WM 1962 im eigenen Land auf einen originellen Diät-Gedanken. Die heimischen Spieler bekamen am Tag vor jedem Spiel Spezialitäten aus dem Land des Gegners serviert. In der Vorrunde wurde Festnahrung gereicht, mit Käse und Schokolade im Magen schlug man die Schweiz 3:1 und mit Spaghetti die Italiener 2:0. Nur was gegen Deutschland gereicht wurde, ist nicht bekannt, jedenfalls lag es den Chilenen schwer im Magen, und sie verloren 0:2. Kein Wunder, dass sie in der K.o.-Runde auf leichtere Kost umstiegen, auf Flüssignahrung nämlich. Zum Viertelfinale gegen die Sowjetunion gab es Wodka, man gewann 2:1, und vielleicht hätte man auch in den Kaffee, den man vor dem Halbfinale gegen Brasilien reichte, einen Schuss Hochprozentiges befördern sollen – ohne verlor man 2:4. Wenigstens behielt das Land seine schlanke Linie.

## Spesen



Eine Spesenrechnung von 104 Euro reichte Fortuna Düsseldorf 2005, um Thomas Berthold als Manager zu entlassen – das Geschäftsessen hatte nach Ansicht des Klubs nie stattgefunden und bot deshalb einen schönen Anlass, mit dem Drittliga-Manager abzurechnen. So billig ist man zwar keinen anderen Weltmeister von 1990 wieder losgeworden, doch auch die anderen Helden von Rom fanden in der Heimat nicht gerade den großen beruflichen Erfolg. Guido Buchwald musste nach Japan auswandern, um Meistertrainer zu werden, Pierre Littbarski nach Australien; Lothar Matthäus schaffte es auch in Österreich, Ungarn, Brasilien und Serbien nicht. Jürgen Kohler brachte es auf dreieinhalb

Monate beim MSV Duisburg, Andreas Brehme auf 22 Monate in Kaiserslautern und 11 in Unterhaching. Und Thomas Häßler ging als Assistent von Berti Vogts nach Nigeria.
Nur Klaus Augenthaler fand immer mal wieder einen Stammplatz in der Bundesliga, allerdings im zementierten unteren Mittelmaß – ob in Nürnberg, Leverkusen oder Wolfsburg: Wo er hinkam, war der Abstiegskampf nie weit. Wenigstens Bodo Illgner sah ein, dass er dem Fußball besser nicht »beibehalten bleiben« (Brehme), sondern seine Talente auf kulturelle Felder umleiten sollte: Er schrieb mit Gattin Bianca einen »fiktiven Tatsachenroman« mit dem bescheidenen Titel »Alles«. Alles Versager also, die letzten deutschen Weltmeister? Na ja, nicht ganz, da waren ja noch zwei Stürmer namens Völler und Klinsmann.

## Spielauto



Carl Wood verwechselte im Februar 2000 Außenbahn und Autobahn. Der 28-jährige Spieler des englischen Amateurklubs Bull's Head war wegen Fluchens vom Platz gestellt worden, setzte sich wütend in seinen Peugeot 205 und fuhr mit dem Auto zurück aufs Spielfeld. Dort scheuchte er mit Vollgas Schiedsrichter und Spieler über den Platz. Den Führerschein bekam er irgendwann wieder, die Spielberechtigung nicht.

## Spielfluss

Der Anstoß ist in der Regel die langweiligste Standardsituation, ohne jede Torgefahr. Außer der Torwart steht nicht in seinem Tor. Zum Beispiel, weil er gerade über ein eigenes Tor jubelt. So tat es Hans-Jörg Butt nach seinem verwandelten Elfmeter für Bayer Leverkusen gegen Schalke 2004. Während Butt noch feiernd in Richtung seines eigentlichen Arbeitsplatzes trabte, hatte der Schiedsrichter den Ball schon zum Anstoß freigegeben. Ebbe Sand schob ihn zu Mike Hanke, und der feuerte ihn aus dem Anstoßkreis hoch ins verwaiste Tor.

Einen noch dringenderen Grund, nicht im Tor zu stehen, hatte der Norweger Olav Kåre Fiske im April 2000. Im Pokalderby Surnadal gegen Sunndal waren 105 Minuten gespielt, auch nach der ersten Hälfte der Verlängerung stand es noch torlos, und beim letzten Seitenwechsel verspürte der Torwart von Surnadal ein Bedürfnis, das keine weiteren 15 Minuten warten konnte. Also kam er ihm kurzentschlossen hinter seinem linken Pfosten nach. »Leider unterschätzte er sein Fassungsvermögen«, berichtete ein nordischer Fußballfreund den Kuriositätensammlern der englischen Zeitung *Guardian*, »und seine Landbewässerung war noch nicht beendet, als der Schiedsrichter die Pause beendete.« Die Pfeife ertönte, und Stürmer Tor Oddvar Torve nutzte schamlos die Gelegenheit, dass der Torwart die Hände noch nicht frei hatte: Er schoss den Ball zum 1:0-Siegtreffer ins Netz.

## Spürnase

Den Pokal nicht bekommen macht unglücklich. Den Pokal bekommen macht nicht unbedingt glücklich. Der Hund Pickles, der die vor der WM 1966 gestohlene Coupe Jules Rimet in einem Vorgarten ausgebuddelt hatte, erdrosselte sich später auf Katzenjagd mit der eigenen Leine. Englands Kapitän Bobby Moore drückte man bei der Siegerehrung zur Sicherheit eine Kopie des WM-Pokals in die Hand. Das Original, das im Krieg der Italiener Barassi vor den Nazis versteckt hatte, durften 1970 die Brasilianer nach ihrem dritten WM-Sieg behalten. Doch es wurde abermals gestohlen. Diesmal half keine Spürnase: Die kleine Goldstatue wurde von den Dieben eingeschmolzen.

## Stadionnamen



Die gute alte Kampfbahn hieß irgendwann Stadion. Heute heißt das Arena, mindestens. Und beschert uns einige feine neue Stadionnamen, die manchmal so klingen wie ein Firmenparkplatz oder ein Gewerbegebiet. Ein kleiner Einkaufsbummel:

**Pizza Hut Park** (FC Dallas, Major League Soccer)
**Signal Iduna Park** (Borussia Dortmund)
**Playmobil Arena** (Spielvereinigung Greuther Fürth)
**Nudelarena** (TSV Stahl Riesa)
**Schüco-Arena** (Bielefeld)
**Easy-Credit-Stadion** (Nürnberg)
**Sportpark Am Hallo** (SG Essen-Schönebeck)
**Knüll-Kampfbahn** (SC Neunkirchen)
**Holzwaren-Simundt-Kampfbahn** (Bischofswerda)
**Arnold-Schwarzenegger-Stadion** (umbenannt in Stadion

**Graz-Liebenau**, nachdem der steirische Terminator als kalifornischer Gouverneur einen Straftäter hinrichten ließ)

## Stammbaum

Juan Sebastian Verón wurde flugs zum Italiener, weil sein neuer Verein Lazio Rom den argentinischen 60-Millionen-Mark-Einkauf als EU-Ausländer brauchte. Damals wurde von phantasievollen Hintermännern ein gewisser Guiseppe Porcella gefunden, der um die Jahrhundertwende von Kalabrien aus nach Buenos Aires ausgewandert und dort Veróns Ururgroßmutter Elvira Goyena geheiratet haben soll. So erhielt der Argentinier Verón am 9.9.99 den gewünschten Pass, damit neben ihm drei Nicht-EU-Ausländer (damals das Maximum) wie der Serbe Mihajlovic, der Tscheche Nedved oder der Chilene Salas auflaufen konnten. Leider aber war der angebliche Urahn nie aus Süditalien weggekommen, und im Zuge der dutzendfach bekanntgewordenen Stammbaum- und Passfälschungen südamerikanischer Spieler im europäischen Fußball flog auch Veróns Fall auf. So fand sich der italienische Meister 2000 auf der Anklagebank wieder. Es dauerte sieben Jahre, bis ein römischer Richter die salomonische Lösung fand: Der bestochene Gemeindeschreiber aus dem süditalienischen Kaff Fagnano Castello war schuld, außerdem eine argentinische Übersetzerin. Verón und die Lazio-Führung wurden freigesprochen.

## Statistik

Statistiker sind Menschen, die versuchen, den Fußball irgendwie erklärbar zu machen. Was leider nicht immer gelingt.

**Zweikämpfe:** Wer mehr Zweikämpfe gewinnt, gewinnt das Spiel? Deutschland gewann 1998 im WM-Viertelfinale 13 Zweikämpfe mehr als die Kroaten (leider schossen die dafür 3 Tore mehr).

**Ballbesitz:** Arsenal London kam in der Premier League 2006 gegen Aston Villa auf eine Quote von 78 Prozent Ballbesitz. Das Spiel endete 1:1.

**Eckbälle:** Die Sowjetunion erzielte bei den Olympischen Spielen 1956 in der Partie gegen Indonesien 27 Eckbälle. Das Spiel endete 0:0.



**Torschüsse I:** Noch einmal dasselbe Spiel – Sowjetunion gegen Indonesien 1956. Die Sowjets erzielten die unglaubliche Zahl von 68 Torschüssen. Endstand: immer noch 0:0.

**Torschüsse II:** Brasilien gewann bei den Olympischen Spielen 1996 den Torschussvergleich gegen Japan mit 28:4. Und verlor den Torvergleich mit 0:1.

**Torchancen I:** Frankreich kam als Titelverteidiger bei der WM 2002 in jedem seiner drei Vorrundenspiele auf mehr Torchancen als der jeweilige Gegner. Und schied ohne Tor und Punkt aus.

**Torchancen II:** Zwei Jahre später hatte Griechenland in jedem Spiel weniger Torchancen als der jeweilige Gegner – und wurde Europameister 2004. (Nur in einem Spiel nicht, in der Vorrundenpartie gegen Russland, da hatte Griechenland mehr Chancen – und erlitt seine einzige Niederlage bei der EM.)

## Stimmbruch

Fußball auf amerikanisch, das bedeutete 1994 den vergeblichen Versuch, den WM-Ball auf Hollywood-Niveau zu bringen. Bei der pompösen Eröffnung bot Popsänger John Secada gerade den Song »If you go« dar, da kollabierte die Bühne, und Secada verschwand vor rund einer Milliarde TV-Zuschauer im Loch – eine seltene Form von Stimmbruch. Der Gestürzte sang aus dem Off weiter, ehe man ihn ins Krankenhaus brachte. Dort wurde eine verrenkte Schulter festgestellt.

Den ersten Fehlschuss des Turniers schaffte Secadas Kollegin Diana Ross ebenfalls schon bei der Eröffnungsfeier. Die Sängerin sollte einen Ball symbolisch im Tor versenken, verfehlte es aber aus kürzester Entfernung. Dieser erste Fehlschuss der WM schlug einen Bogen zum letzten: Roberto Baggio schoss drüber und verlor so mit Italien das erste Elfmeterschießen in einem WM-Finale.



## Stinkefinger

Stefan Effenberg hat das Geheimnis innerer Größe früh erkannt: »In mir wächst eine Persönlichkeit heran.« Vorher aber wuchs in ihm ein Mittelfinger heran, den er den eigenen Fans zeigte, wofür er 1994 als dritter und bisher letzter Deutscher von einer WM heimgeschickt wurde (nach Siggi Haringer 1934, weil er auf dem Bahnsteig eine Apfelsine aß, für Reichstrainer Nerz eine Disziplinlosigkeit, und nach Uli Stein, der 1986 behauptete, Adidas und nicht der »Suppenkasper« Beckenbauer habe den Konkurrenten Schumacher ins Tor gestellt). Der Mittelfinger *(digitus medius)* blieb, trotz feiner Pässe, dummer Sprüche und gelegentlicher Fausteinsätze, das bekannteste Körperteil Effenbergs.

## Studenten

Alberto Poletti setzte den Tiefpunkt der blutigen Weltcup-Schlachten der 60er Jahre zwischen den Champions Europas und Südamerikas: Der Torwart von Estudiantes Buenos Aires trat einen verletzt am Boden liegenden Spieler des AC Mailand, Piero Prati, in den Rücken. Zusätzlich gingen mehrere italienische Nasenbeine unter den Attacken der hemmungslosen Argentinier zu Bruch. Die Estudiantes, die »Studenten«, standen ohnehin im Ruf, ein »schmutziges« Team zu sein, ja gar Nadeln mit aufs Spielfeld zu nehmen, um die Gegner zu piesacken – wohl aus wissenschaftlichem Interesse: um zu »studieren«, wie sie reagierten. Einer von ihnen wurde denn auch Arzt und Weltmeistertrainer, Carlos Bilardo. Der argentinische Staatspräsident Ongania, der das skandalöse Weltcup-Finale im Fernsehen sah, ordnete 30 Tage Haft für Poletti und den nach dem Spiel geflohenen Suarez an. Poletti wurde auf Lebenszeit gesperrt.

## Swinging Sixties

Lange Haare, kurze Röcke, die Beatles und die Stones: die WM 1966 in England war auch ein Spiegel des Zeitgeistes. Das muntere Leben des minderjährigen Jungvaters F. Beckenbauer grub Falten in manche deutsche Funktionärsstirn. Selbst korrekte Schweizer ließen sich von den lockeren Sitten anstecken. Am Vorabend des Auftaktspiels gegen Deutschland unternahmen Kuhn, Eichmann und Leimgruber einen »Kneipenbummel mit Damen«. Sie flogen aus dem Team, und das kam mit 0:5 unter die Räder. Einer der drei aus dem Damenprogramm, Jakob (»Köbi«) Kuhn, ist heute übrigens Trainer des EM-Gastgebers Schweiz.

---

# Talentförderung

Ein Händchen für junge Talente bewies Teamchef Franz Beckenbauer, als er neun Tage vor der WM 1990 den 33-jährigen Paul Steiner in der Nationalelf debütieren ließ. Steiner führte eine der bizarrsten Länderspielkarrieren aus kleinsten Odenwälder Anfängen in Waldbrunn-Strümpfelbrunn zu seinem Länderspiel-Debüt nach 348 Bundesliga-Einsätzen (Rekord für einen Neuling) und zur WM in Italien. Dort bewies Beckenbauer abermals sein Händchen: Er setzte Steiner nur auf die Bank, und Deutschland gewann den Titel. Die zweite Halbzeit gegen Dänemark im Weltmeister-Vorbereitungsspiel am 30. Mai 1990 blieb Steiners einziger Einsatz für Deutschland. Keiner wurde jemals mit weniger Weltmeister.

## Tasmania

»Berlin, Berlin, wir fahren nach Berlin«, singen Fußballfans, die aufs Pokalfinale hoffen. Leider steht die Hauptstadt ansonsten nur für Negativrekorde im deutschen Fußball (selbst die von der Stasi organisierte Titelserie von zehn DDR-Meisterschaften des BFC Dynamo ist ja eine Negativserie). Dafür sorgte vor allem der SC Tasmania 1900, die schlechteste aller Bundesligamannschaften. Als 1965 Hertha BSC wegen verbotener Handgeldzahlungen die Lizenz nicht erhalten hatte, sollte als sportpolitisches Zeichen im Kalten Krieg unbedingt ein anderer Berliner Klub in der höchsten deutschen Liga vertreten sein. Während die besten Klubs der Regionalliga Berlin, Tennis Borussia und Spandauer SV, weise verzichteten, nahm die Tasmania das Bundesliga-Freiticket an. Sie stellte in ihrer einzigen Saison Rekorde auf, die unerreicht bleiben:

- 28 Niederlagen in einer Saison
- 8:60 Punkte
- nur 15 Tore
- 108 Gegentore
- 31 sieglose Spiele in Folge
- 8 Heimniederlagen in Folge
- ein 0:9 zu Hause (gegen Duisburg)
- nur 827 Zuschauer bei einem Bundesligaspiel (gegen Borussia Mönchengladbach)

Nur die Minusmarke von zwei Saisonsiegen wurde egalisiert, 1974/75 vom Wuppertaler SV. Da war die Tasmania aber schon pleite, eine Folge des Bundesliga-Abenteuers (der Nachfolgeklub spielt heute in der Verbandsliga). Außer den Pleiten-Bestmarken ist von der Tasmania nur der Spruch eines ihrer Verteidiger einigermaßen in Erinnerung geblieben: »Mein Name ist Finken, und du wirst gleich hinken.«
Trotz diverser Versuche der Lokalrivalen Blau-Weiß 90 und Tennis Borussia, der Tasmania die rote Laterne der ewigen Bundesligatabelle abzujagen (auch der Spandauer SV bemühte sich 1975/76 in der 2. Liga mit 8:68 Punkten und 33:115 Toren), war es ausgerechnet die große Hertha, die 25 Jahre später den alten Minusmarken am nächsten kam. Am Ende der Saison 1990/91 reichte es aber mit 14:54 Punkten, 37:84 Toren und drei Saisonsiegen nicht ganz für neue Rekorde. Dafür schaffte die Hertha etwas, was selbst der Tasmania nicht gelungen war: Sie stand an 33 von 34 Spieltagen auf dem letzten Tabellenplatz.



## Tattoos

Tony Gawne, Fan des FC Everton, ließ sich 1998 für 150 Pfund das Konterfei von Duncan Ferguson auf den ganzen Rücken tätowieren – 48 Stunden, bevor der schottische Profi den Klub überraschend verließ und zu Newcastle wechselte. Aber auch Newcastle-Fans haben schon Fehlprägungen hinnehmen müssen. Etwa ein Robert Nesbitt, der sich das Konterfei von Stürmer Andy Cole auf den rechten Oberschenkel ritzen ließ – zwei Tage später wechselte Cole zu Manchester United.
Klüger hat es Shaun Southwick angestellt. Er machte sich

von den Wirrungen des Transfermarktes unabhängig und ließ sich alle Meisterschaften und Pokalsiege, die Manchester United seit 1892 errungen hat, auf den Rücken ritzen. Die können schließlich nicht einfach den Klub wechseln. (Aber der Klub den Besitzer. Seit 2005 ist er in amerikanischer Hand. Und mancher United-Fan fühlt sich seitdem nicht mehr wohl in seiner Haut.)

## Telefon

Kommunikation kann so einfach sein. Und so tückisch. Einige der telefonischen Fehlleistungen des Fußballs:

- **Lothar Matthäus**, erfolgloser Trainer von Rapid Wien, erhielt per Anruf das Angebot, Sportminister im Kabinett von Bayerns Ministerpräsident Stoiber zu werden. Er sagte geschmeichelt zu. Leider arbeitete der Mann am anderen Ende der Leitung nicht für die Staatskanzlei, sondern fürs Radio – als Stimmenimitator.



- **Sven-Göran Eriksson**, Trainer von Englands Nationalteam, erhielt per Anruf ein üppiges Angebot aus Dubai. Eriksson zeigte sich interessiert und erzählte dem Emissär überdies vertrauliche Details über Beckham (»unglücklich in Madrid«), Owen (»nur wegen des Gelds in Newcastle«), Rooney (»zu impulsiv«) oder Ferdinand (»zu faul«). Leider war der Mann kein Scheich, sondern ein verkleideter englischer Reporter.

- **Zinedine Zidane** erhielt einen Anruf mit der Bitte, zum Wohle des Vaterlandes und vor allem zur Freude des erkrankten Staatspräsidenten beim WM-Qualifikationsspiel in Irland mit seinen Mitspielern bei der Marseillaise die Hand aufs Herz zu legen. Zidane sagte »Oui, mon Président«, und Frankreichs Elf tat, wie ihrem Kapitän befohlen. Leider war der Mann am anderen Ende nicht Jacques Chirac, sondern ein Komiker, der dessen Stimme und Duktus perfekt beherrschte.

- **Luciano Moggi**, Sportdirektor von Juventus Turin, zog jahrelang durch Absprachen mit Schiedsrichtern, Spielern und Funktionären die Fäden in der Serie A. Nur daran, dass man Telefonate abhören kann, besonders wenn einer auf gleich sechs Handys, davon zwei in Slowenien gemeldet, täglich rund 400 Gespräche führt, dachte Moggi nicht. Die Abhörprotokolle lösten den größten Skandal des italienischen Fußballs aus.

- **Marco Engelhardt**, Jungnationalspieler und Kapitän des 1. FC Kaiserslautern, schickte einer 22-jährigen Krankenschwester (vermutlich als gutgemeinten Beitrag zu deren Berufsausbildung) per Handy eine Ganzkörperansicht von sich. Der Text dazu: »Denk mal wieder an mich.« Das Foto fand den Weg in die weite Welt, und Engelhardt musste beteuern, da sei nie etwas gewesen. »Wie das Foto zu ihr kam«, war ihm »rätselhaft«. (Und warum er darauf nichts anhatte? Vermutlich hatte ihm der Mobilfunkanbieter das letzte Hemd geraubt.)

- **René Rydlewicz**, Profi des Zweitligisten Hansa Rostock, machte einer gewissen Oksana Bree gradlinige Avancen mittels SMS. Der Bruder der jungen Dame war über die obszönen Botschaften nicht sehr amüsiert – dummerweise handelte es sich um Artur Bree, den Unterwelt-Boss von Rostock. Er schickte Rydlewicz einige Mitarbeiter vorbei, die den Profi in Doppeldeckung nahmen und ins Hafenbecken von Rostock beförderten. Während des Prozesses gegen Bree, der wegen Zuhälterei und Geldwäsche zu sechs Jahren Gefängnis verurteilt wurde, räumte Rydlewicz als Zeuge ein, 2003 dem »Paten von Rostock« 10.000 Euro bezahlt zu haben: »Ich wollte meine Ruhe haben.«

- **Craig Bellamy**, Krawallbruder bei einer Reihe von englischen Klubs, machte sich gern mit SMS unbeliebt. Den Bossen in Newcastle, die ihn gern nach Birmingham loswerden wollten, textete er: »Ich gehe nicht zu Scheißklubs.« Als sie ihn endlich doch losgeworden waren, schickte er bei Niederlagen von Newcastle gern hämische Botschaften an den früheren Sturmpartner Alan Shearer, den er als »zu alt« beschimpfte und als »zu langsam, um mich am Arsch zu lecken«. Als alles bekannt wurde, erklärte sein Manager, das Handy sei geklaut worden, der Dieb habe wohl die Botschaften gesendet.



- **Shefki Kuqi**, Stürmer der Blackburn Rovers, wollte 2006 zu Crystal Palace wechseln. Auch die Klubs waren sich am letzten Tag der Transferperiode einig geworden. Also schickten sie das Fax, das den Wechsel bestätigte, fristgerecht wenige Minuten vor Mitternacht ab. Es landete allerdings nicht beim englischen Fußballverband, sondern bei einer Fish-and-Chips-Bude in London. Kuqi durfte dennoch weiter als Kicker arbeiten, nicht als Fischverkäufer.

- **Ali Dia** wollte gern nach England. Er bat seinen Manager, den Trainer von Southampton, Graeme Souness, anzurufen. Der Manager gab sich am Telefon als »Weltfußballer« George Weah aus. Souness glaubte es. Er verpflichtete Dia, ohne ihn gesehen zu haben, und wechselte ihn gegen Leeds ein. Dia schaffte es, keinen Ball zu stoppen oder zu passen. Nach 14 Minuten wechselte ihn Souness roten Kopfes wieder aus. Es blieb Dias einziger Einsatz. »Sicher nicht nur der schlechteste Spieler in der Geschichte des Klubs«, befand das englische Magazin *»FourFourTwo«*, »sondern auch der schlechteste in der Geschichte des ganzen Profifußballs.« Alles dank eines Anrufes.

- **Lothar Matthäus**, erfolgloser Trainer beim brasilianischen Klub Paranense, verabschiedete sich nach 30 Tagen Tätigkeit grußlos heim nach Europa. Er hinterließ zwei unbezahlte Handy-Rechnungen von 2700 Euro. Und irgendwie sucht er immer noch Anschluss.



## Tellerwäscher

Bis 1950 war England nie zu einer WM erschienen – man hielt sich für was Besseres. Dann, beim Debüt in Brasilien, traf man auf die USA. Wurde dort überhaupt Fußball gespielt? Dann kam der Mittelstürmer Joe Gaetjens, ein Haitianer, der in einem deutschen Restaurant in New York als Tellerwäscher arbeitete und für die Amerikaner spielte – und traf zum 1:0. Und Torwart Frank Borghi, im Zivilberuf Leichenwagenfahrer, hielt alle Schüsse der Engländer. In den Zeitungsredaktionen in London wurde die Telex-Meldung »0:1« als Übertragungsfehler betrachtet – man meldete den Lesern ein 10:1.

Bei den bisher 14 Weltmeisterschaften seit der Blamage von 1950 (als Deutschland noch nicht wieder teilnehmen durfte) hat England übrigens 13-mal schlechter abgeschnitten als Deutschland. Nur einmal nicht, 1966, durch den 4:2-Finalsieg – und das nur wegen eines sehschwachen Physiklehrers aus Baku.

## Testspiel

Einmal hat sich Uli Stielike schwer verrechnet. Als Cheftrainer des Schweizer Nationalteams ließ er seine A-Elf zur Vorbereitung auf ein WM-Qualifikationsspiel 1989 gegen den eigenen Nachwuchs antreten – um ihnen Sicherheit und Selbstvertrauen zu geben. Was nicht ganz gelang: Die A-Elf unterlag den Jungschweizern 0:3. Allerdings war es dann doch eine sehr gute Einstimmung auf das Spiel gegen die Tschechoslowaken: Das verloren sie einige Tage später nämlich auch mit 0:3.



## Tierisch

Tiere sind im Fußball gern gesehen als Glücksbringer, Freund im Alltag, Namenspatron – aber nicht auf dem Platz. Vermutlich, weil sie meist doppelt so viele Beine haben wie selbst der beidfüßigste Fußballer. Eine kleine Liste tierischer Invasionen auf dem Fußballplatz.

- **Eichhörnchen:** im Champions-League-Halbfinale Arsenal gegen Villarreal 2006 (es entkam)

- **Ente I:** beim finnischen Erstligaspiel TPS gegen KuPS 2006 (sie wurde von einem Eckball ins Koma geschossen, aber von einem Feuerwehrmann reanimiert)

- **Ente II:** beim Bundesligaspiel Bayern München gegen Bochum 1976 (Sepp Maier hechtete, bekam sie aber nicht zu fassen)

- **Fasan:** beim Champions-League-Spiel Barcelona gegen Panathinaikos Athen 2002 (er wurde von einem Ordner per Tackling gegen die Bande gedrückt und abgeführt)

- **Fuchs:** beim Glasgower Derby Rangers gegen Celtic 1996 (entkommen)

- **Hase:** beim Ligaspiel Real Madrid gegen Betis Sevilla 1997 (er wurde von Real-Profi Carlos Secretario gefangen)

- **Hund I:** beim Revier-Derby Schalke gegen Dortmund 1969 (er biss dem Schalker Friedel Rausch ins Gesäß und kehrte in den Staatsdienst zurück)



- **Hund II:** beim englischen Profispiel Brentford gegen Colchester 1970 (ein kleiner schwarz-weißer Terrier kollidierte so verrückt mit dem Torwart Chic Brodie, dass der sich dabei die Kniescheibe zertrümmerte und seine Karriere beenden musste)

- **Katze (schwarz):** beim englischen Zweitligaspiel Preston gegen Brighton 2006 (schlich sich dann davon)

- **Schwein:** beim österreichischen Pokalspiel SPG Wattens-Wacker gegen SV Salzburg 2003 (das einem Metzger entkommene Ferkel hielt 20 Minuten lang 6 Ordner auf Trab; es wurde nach dem Spiel von den Fans des Heimteams vor dem Schlachterbeil bewahrt und als Maskottchen adoptiert)

- **Wurm:** Steckt (unsichtbar) in jedem Fußballspiel, da unentbehrlich für den guten Untergrund. Steckt manchmal auch im Spiel. Oder so ähnlich: »Ich weiß auch nicht, wo bei uns der Wurm hängt.« (Fabrizio Heyer)

## Tipp-Kick



Albano Bizzarri hieß der Torwart von Real Valladolid, der seinem Namen alle Ehre machte: mit einem ungewöhnlichen Punktgewinn, der einen Millionenverlust bedeutete. Der Außenseiter erreichte Ende September 2001 auf kuriose Weise ein 2:2 beim Meister Real Madrid – die Madrilenen hatten einen Pfiff vernommen und den Spielbetrieb eingestellt, vom Schiedsrichter aber war er nicht, das Spiel lief weiter, und Valladolid erzielte ungestört den Ausgleich. Erst jubelten die Gäste über den Punktgewinn. Doch nur, bis sie erfuhren, wie viel der Treffer sie gekostet hatte. Im Toto-Gemeinschaftstipp, den Bizzari für die Mannschaftskollegen und Betreuer abgegeben hatte, waren zehn von elf Spielen richtig vorhergesagt – nur das eigene Spiel nicht: Da hatte der Pessimist im Tor eine Eins angekreuzt, weil er einen Sieg von Real kommen sah. Zur Strafe gab es statt zwölf Millionen Mark für elf Richtige 90.000 Mark für zehn.

## Tittyshev

Als Harry Redknapp 1994 Assistenztrainer bei West Ham United war, ging ihm während eines Testspiels in Oxford ein Zuschauer fürchterlich auf die Nerven. »Es war irgendein tätowierter Hooligan, der die ganze Zeit auf Lee Chapman herumhackte«, schilderte es Redknapp. »Bei Halbzeit sprach ich diesen Typen an, der West Ham auf seinen Nacken eingraviert hatte, und fragte: >kannst du so gut spielen, wie du redest?< Er sah völlig fassungslos aus. Also sagte ich ihm, er könne sich seinen Traum erfüllen und für West Ham spielen. Wir schickten ihn in die Kabine, und zehn Minuten später tauchte er mit voller Montur wieder auf. Er lief auf den Platz, und ein Journalist der Lokalzeitung kam und fragte: »Wer ist das, Harry?« Ich sagte: »Was? Hast du nicht die WM gesehen? Das ist der große Bulgare Tittyshev!«
Später stellte sich Tittyshev als der 27-jährige Steve Davies heraus, der sechs Jahre keinen Fußball gespielt hatte. Und der für West Ham ein Tor schoss. Nur einen Monat später hatte Redknapp, der Mann mit dem Auge für unbekannte Talente, auch die Klubbosse überzeugt: Sie machten ihn zum Cheftrainer.



## Todesgruppe

Fast jedes Turnier hat seine feinfühlig formulierte »Todesgruppe«. Die WM 2006 hatte keine – man hätte dafür die USA, Iran, Japan und Saudi-Arabien in eine Gruppe stecken müssen. Warum? Weil es die einzigen Länder unter den 32 WM-Teilnehmern waren, in denen die Todesstrafe vollstreckt wird. In den Vereinigten Staaten wurden im Jahr vor der WM 68 Menschen hingerichtet, in Iran 66, in Saudi-

Arabien 29 und in Japan 6. Alle vier Länder wurden Letzte ihrer Vorrundengruppen, keines gewann ein einziges Spiel. Es gibt eine Fußball-Gerechtigkeit.

## Touché

Die dunkle Kunst der Provokation hat viele Meister hervorgebracht, der vielleicht dunkelste hieß Pablo Alfaro. Seine Ellbogen neigten dazu, wie das englische Blatt *»Guardian«* etwas spitz formulierte, »die Augäpfel seiner Gegner aufzuspießen wie Silberzwiebeln auf einem Cocktail-Spießchen«. So wie Vinnie Jones, genannt »die Axt«, seinen Ruf als schlimmster Finger des britischen Fußballs durch ein Foto verewigte, das ihn dabei zeigt, wie er die Familienplanung von Paul Gascoigne einem zupackenden Test unterzieht – so war es auch ein Foto von Alfaro bei der Arbeit, das diesen über den Fußball hinaus bekannt machte. Es offenbarte, wie der Verteidiger des FC Sevilla im Pokal gegen Atletico Madrid einen Gegner mit dem passenden Namen Touché auf ungewöhnliche Weise deckt: Alfaros Hand ruht auf Touchés verlängerter Rückseite; seine Finger sind nicht zu sehen. Einem Kommentator des Blattes, das den Eingriff veröffentlichte, fiel dazu ein medizinischer Vergleich ein: »Alfaro ist ein echter Urologe: Du gehst nach vorn für eine Ecke, und plötzlich untersucht er deine Prostata.«



Kein Wunder, dass die Mannschaftskameraden ihn »Doktor« nennen. 18-mal in 15 Jahren ist Alfaro in Spanien vom Platz geflogen – Ligarekord. Doch ungezählte Male gelang es ihm auch, andere aus dem Spiel zu nehmen. Sein prominentestes Opfer hieß Zinedine Zidane, der für eine Ohrfeige gegen Alfaro die einzige Rote Karte seiner Zeit bei Real Madrid kassierte. Was Alfaro dafür getan hatte? Es blieb im Dunkeln. Ebenso wie das, was zwei Jahre später ein anderer Künstler der Provokation, Marco Materazzi, im WM-Finale von Berlin dem reizbaren Maestro einflüsterte. Zidanes böse Reaktion war der Triumph der Provokateure. Sie zeigte ihnen, was sie sehen wollten: Touché.

## Transferverluste

Wenn man sich ein Auto kauft, wird man es nach ein paar Jahren nicht mehr zum selben Preis wieder los. Aber wenigstens hat es einen dafür ein paar Jahre lang verlässlich ans Ziel getragen. Bei Fußballern ist das nicht gewiss. Nur die Verluste sind es meistens.

- **Luther Blissett** hatte sich mit 95 Toren in der englischen Liga einen Namen gemacht, so dass der AC Mailand ihn 1982 für die damals gewaltige Summe von drei Millionen Mark vom FC Watford holte. Nach fünf Toren in zwei Jahren verkaufte Milan den Engländer wieder an seinen alten Klub zurück – für 5,5 Prozent des ursprünglichen Kaufpreises.

- **Rainer Bonhof** spielte auf seine alten Tage bei Hertha BSC. Für die Millionensumme, die der Aufsteiger dem 1. FC Köln 1982 überwies, spielte der Alt-Weltmeister noch genau sechsmal. Für Bonhof endete die Saison als Sportinvalide, für Hertha als Letzter.

- **Bent Christensen** war dem spendierfreudigen Schalke-Präsidenten Günter Eichberg 1991 fünf Millionen Mark wert – für so viel Geld waren damals auch ein Klinsmann, Matthäus, Effenberg oder Möller zu haben. Der Däne schoss in zwei Jahren acht Tore, dann war er wieder weg, ebenso wie Eichberg, der mit seinem Klinik-Imperium auf der finanziellen Intensivstation gelandet war.

- **Steve Daley** wurde 1979 von Manchester City im verzweifelten Versuch, mit dem aufstrebenden Lokalrivalen United mitzuhalten, für 1,43 Millionen Pfund gekauft – eine Wahnsinnssumme, die, in Relation zu den teuersten Transfers, heute fast 50 Millionen Euro ausmachte. Nach weniger als einem Jahr wurde Daley billig in die US-Operettenliga abgeschoben.

- **Denilson** reichten ein paar Dribblings und Übersteiger beim Tournoi de France 1997, um für die damalige Weltrekordsumme von 63 Millionen Mark bei Betis Sevilla zu landen. In 20 Ligaspielen machte er kein Tor. Betis stieg ab.



- **Gianluigi Lentini** sorgte 1992 dafür, dass sich sogar der Papst zum Fußball äußerte. Die damalige Rekordsumme von 40 Millionen Mark sah der Vatikan in einer Erklärung als »Angriff auf die Würde der Arbeit«. Für den AC Mailand erwies sich der Stürmer als Flop. 1997 wurde er für sechs Millionen Mark an den AC Turin verkauft.

- **Bosko Balaban** kam bei Aston Villa auf den vermutlich besten Stundenlohn der Geschichte. 2001 für rund 8,5 Millionen Euro geholt, kassierte der kroatische Stürmer in zwei Spielzeiten über 4 Millionen Euro Gehalt – für insgesamt 8 Einsätze (keiner davon in der Startelf) und 0 Tore.

- **Ramon Vega**, Schweizer Verteidiger, kam 1997 zu Tottenham, schoss Eigentore, verschuldete Elfmeter, am Ende verkauften sie ihn mit über fünf Millionen Euro Verlust nach Watford. Dort dasselbe Bild: Eigentore, Elfmeter, Millionenverlust. Im Sonderheft der englischen Zeitschrift *»FourFourTwo«*, das »die besten und schlechtesten Spieler aller Zeiten« für jeden der 92 englischen Profiklubs aufführte, ist Vega der Einzige, der gleich bei zwei Klubs, Tottenham und Watford, als der »Schlechteste aller Zeiten« eingestuft wird.

- **Marcelino**, nicht zu verwechseln mit einem ähnlich klingenden Berlin-Brasilianer, war ein Spanier ohne größere Verdienste außer dem, dass Newcastle United für ihn 1999 die unglaubliche Summe von 8,5 Millionen Euro bezahlte – unglaublich jedenfalls für einen eher unfähigen Verteidiger. Nach knapp vier Jahren war Klubchef Freddie Shepherd so weit, den Vertrag auszubezahlen und Marcelino als Totalverlust abzuhaken. Er tat dies mit den schönen Worten: »Es heißt, man solle nur gute Dinge über andere Menschen sagen. Also sage ich: Er ist weg – gut.«

## Träume

Manche Fußballberichte werden, anders als das Publikum glaubt, nicht etwa geschrieben. Sie werden zusammengesetzt, und zwar aus einem Satzbaukasten, in dem es für jede denkbare Situation ein bewährtes, millionenfach erprobtes Wortbild gibt. Man muss es nur finden. Für die Standardsituation des Verlierens etwa gibt es den gern genommenen Satzbaustein der »Träume«, die »zerplatzen« (zur emotionalen Überhöhung auch sehr schön mit der Steigerung »wie Seifenblasen«). Da ständig irgendwo einer verliert, gibt es ständig zerplatzende Träume. Oder welche, aus denen man »gerissen« wird.

Könner der Fußballprosa erkennt man daran, dass sie aus diesem Schema auch einmal ausbrechen. So fand »Spiegel online« nach dem Viertelfinalhinspiel der Champions League 2005 die Überschrift: »Liverpool vor dem Aus«. Hatte Liverpool verloren? Nein, 2:1 gewonnen. Aber das nach 2:0-Führung. Mit einem 2:0, so der Bericht, hätte man »beruhigt nach Turin zum Rückspiel fahren können. Aber Fabio Cannavaro riss Liverpool mit seinem Kopfballtor aus allem Träumen.« Vor dem Aus! Gerissen aus allen Träumen! Auf diese Interpretation eines Sieges muss man erstmal kommen.

Übrigens erreichten die »Reds« im Rückspiel ein 0:0, schalteten im Halbfinale Chelsea aus und schlugen im Finale den AC Mailand nach 0:3-Pausenrückstand im Elfmeterschießen. Gut, dass man sie zuvor aus allen Träumen gerissen hatte. Sonst hätten sie noch die Siegerehrung verschlafen.

## Traumelf

Wenn Nomen Omen sind, dann ist das die perfekte WM-Elf (bestehend aus Spielern, die allesamt wirklich so hießen und alle an einer Weltmeisterschaft teilnahmen):

| | |
|---|---|
| **Tor:** | Knaller (Österreich 1998) |
| **Abwehr:** | Killer (Argentinien 1978), Trittschuh (USA 1990), Tresor (Frankreich 1978/1982), Zauber (Rumänien 1930) |
| **Mittelfeld:** | Arsenijevic (Jugoslawien 1930), Eisenbeisser (Rumänien 1930), Schleger (Österreich 1954/1958) |
| **Sturm:** | Atanackovic (Jugoslawien 1950), Wetzer (Rumänien 1930), Ballaman (Schweiz 1954) |
| **Schiedsrichter:** | Faultless (Schottland 1954) |



## Tyrannen

Nico Ceaucescu, Sohn des rumänischen Diktators und in den 80er Jahren Präsident von Dinamo Bukarest, war bekannt dafür, Spielausgänge zugunsten seiner Mannschaft zu bestimmen – und vor allem zugunsten seines Lieblingsstürmers Rodion Camataru. Der kam 1987 mit Hilfe von oben auf 44 Saisontreffer und gewann den »goldenen Schuh« des besten europäischen Torjägers. Noch höher in der Gunst der Operetten-Diktatur stand Steaua Bukarest, das, wie

Dynamo Berlin durch Stasi-Chef Erich Mielke, praktisch gar nicht anders konnte, als Meister und Pokalsieger zu werden. Im Pokalfinale 1988 wagte es der Schiedsrichter, ein Tor des Steaua-Stürmers Blint nicht anzuerkennen. Die Steaua-Elf wurde daraufhin angewiesen, das Feld zu verlassen. Der Sportminister verbot den Medien, vom Spiel zu berichten. Am nächsten Tag verkündete er, dass das Tor anerkannt worden sei und Steaua daher den Pokal gewonnen hatte. Schiedsrichter und Linienrichter wurden gesperrt, jede Bildaufzeichnung gelöscht.

---

## Überfallartige Angriffe

Manche finden, César Aparecido Rodrigues sei auf der Position des Linksverteidigers der beste Brasilianer. Aber er kam an Roberto Carlos nicht vorbei. Vielleicht, weil er das mit den überfallartigen Angriffen irgendwie falsch verstanden hatte. Als er mit CA Juventus in die oberste Liga von Sao Paulo aufgestiegen war, wurden die Geldbehälter mit den Mannschaftsprämien gestohlen – und Jungprofi César als Informant der Diebe der Mittäterschaft überführt. Er bekam fünf Jahre und vier Monate. Nach seiner Haftentlassung schaffte er es 2000 in Brasiliens Nationalteam und in die italienische Serie A. »Wenn zwei Jahre in einem harten brasilianischen Knast ihn nicht gelehrt haben, bei Lazio hinten dicht zu halten«, fand James Richardson, Serie-A-Experte des englischen Fernsehens, »was soll es dann schaffen?«

## Untergang

Es gibt Fußballspiele, die so dramatisch sind, dass sich Millionen ihr Leben lang erinnern, wo sie gerade waren, in welcher Gesellschaft, in welchem Zustand, in welcher Stimmung, als dieses Spiel stattfand. Das Champions-League-Finale 1999 zwischen Manchester United und Bayern München war so ein Spiel, und so wird sich Gerhard Aigner wohl auch ewig daran erinnern, wo er war und was er tat. 89 Minuten war er im Camp Nou in Barcelona und sah das Spiel. Dann ging er – immerhin nicht endgültig, so wie etwa der Manchester-Heros George Best, der sich bei 1:0-Führung der Bayern aus dem Stadion verabschiedete und von dem, was nun kam, nichts mehr mitkriegte. Nein, Aigner machte sich auf den Weg in die Katakomben, zu dem Gang, der ins Stadioninnere führte, denn als damaliger Generalsekretär der UEFA war für ihn eine tragende Rolle bei der Siegerehrung vorgesehen, und es waren ja nur noch wenige Minuten zu spielen. Aigner war fast angekommen, kurz vor Ende des Ganges, da hörte er über sich das Stadion beben – der Ausgleich in der Nachspielzeit durch Sheringham. Er drehte um und ging zurück Richtung Tribüne, um dort die Verlängerung zu sehen. Aigner war fast angekommen, kurz vor Ende des Ganges, da hörte er über sich das Stadion wieder beben – das Siegtor für Manchester durch Solskjaer. Also drehte er wieder um Richtung Siegerehrung. Funktionärsschicksal: Die sensationellste Nachspielzeit der Fußballgeschichte hatte er nur unterirdisch mitbekommen.

## Unterhaching

Es gibt Orte, die bleiben wie eine Wunde im Gedächtnis. Sie werden zum Waterloo. Beziehungsweise zum Unterhaching. Dort hielt Michael Ballack im falschen Moment den Fuß hin und vermasselte so das Lebenswerk seines Trainers Christoph Daum. Mit dem Eigentor im letzten Spiel der Saison 1999/2000, als Leverkusen in Unterhaching nur einen Punkt zum ersten Meistertitel brauchte, nahm das Unheil seinen Lauf: Die gerade mal dritte Saisonniederlage kostete den Titel. Nur fünf Monate später war Daum den Job los, nach seiner verkoksten Haarprobe. Und musste, um sechs Jahre später wieder in Fußball-Deutschland aufgenommen zu werden, in die Zweite Liga zum 1. FC Köln. Und damit zurück nach Unterhaching.

---

## Verarscht

Gern zeigt der Kicker dem Gegner die Hacken – und manchmal, wenn er ihn nun gar nicht mag, einen anderen Teil seiner Rückansicht. Torwart Wolfgang Kleff hielt es so mit dem Düsseldorfer Präsidenten, weil der ihm keinen neuen Vertrag gab. In England bekamen Spieler wie Terry Mancini, Sammy Nelson oder, in der Saison 2006/07, der Jungnationalspieler Joey Barton für die öffentliche Enthüllung ihrer unbekannten Seiten die dafür übliche Strafe von zwei Spielen Sperre. Nichts Besonderes also.

Außer wenn man der FC Wimbledon ist, jene legendäre »Crazy Gang«, die mit ihrer Mischung aus Knochenhärte und

Kick & Rush einige Jahre lang die englische Liga aufmischte. 1988 gewann sie sogar den Pokal – und stellte nur zwei Tage später einen Weltrekord im öffentlichen Verarschen auf. Beim »Testimonial« für Alan Cork (einem auf der Insel üblichen Abschiedsspiel für einen verdienten Profi, der die Einnahme des Abends mit in den Ruhestand nehmen darf) zeigten gleich neun Spieler von Wimbledon dem verehrten Publikum ihre käsige Kehrseite.
Was das wert sein kann für die Moral, wusste schon der Profi Alexander Strehmel: »Gerade in einem Spiel, in dem die Nerven blank liegen, muss man sein wahres Gesicht zeigen und die Hosen runterlassen.«

## Verbotenes Deckling

Ist schon eine ziemliche Unverschämtheit, was heutzutage für einen Klodeckel verlangt wird. So was in der Art dachte sich der Mann, der im Januar 2007 mit einem Freund zwecks Lokus-Möblierung einen B&Q-Baumarkt in Dartford, Kent aufsuchte. Der 74 Jahre alte Hausdetektiv beobachtete die beiden, wie sie den teuren Toilettendeckel in die Verpackung eines billigeren steckten. Außerdem versuchten sie, einige Wasserhähne an der Kasse vorbeizuschmuggeln. Man stellte sie und holte die Polizei, die den beiden Strafen von jeweils 80 Pfund aufbrummte.
Zum Glück traf es keine Armen. Der eine war der Zweitligastürmer Ben May vom FC Millwall. Der andere war der Nationalspieler Glen Johnson, der seine Brötchen bei einem der reichsten Männer der Welt verdient, bei Roman Abramowitsch. Der Verteidiger des FC Chelsea verdiente zum Zeitpunkt des Klo-Klaus als Leihgabe in Portsmouth

über zwei Millionen Euro im Jahr. »Wir haben Johnson alle erkannt«, sagte ein Angestellter. »Keiner konnte glauben, dass ein Typ wie er, mit all dem Geld, so bescheuert sein könnte.« So kann man sich vertun.

## Verkehrspolizei

Sergej Kosiano und seine drei Assistenten, mit denen er 1999 die UEFA-Cup-Partie Hapoel Haifa gegen FC Brügge leiten sollte, machten in Israel bleibenden Eindruck. Die Unparteiischen aus Russland landeten volltrunken in Tel Aviv, begannen auf dem Flughafen mit Tanz- und Sangesdarbietungen und versuchten, Polizistinnen zu betatschen. Nach weiteren Getränken in einem Restaurant unternahmen die vier Russen nach einer spontanen Eingebung den Versuch, den Straßenverkehr vor der Gaststätte zu regeln – vermutlich hielten sie es für das Spielfeld. Man zog sie schnell aus dem Verkehr.

## Verletzt



Fußballer verletzen sich dauernd. Aber nicht immer beim Fußball. Welche Tücke im Alltag lauert (und nicht nur im Tackling von hinten), wie gefährlich das Leben ist (und nicht nur der Gegner), das zeigt die folgende Liste der Tätigkeiten, bei denen sich Kicker verletzt haben.

**Abkühlen:** Lee Hughes, Stürmer von West Bromwich Albion, knallte auf den Kopf und verlor das Bewusstsein, als er im Dezember 1988 auf einem Eiswürfel ausrutschte.

**Angeln:** David Seaman, englischer Nationaltorwart, renkte sich beim Versuch, einen 26-Pfünder aus dem Wasser zu ziehen, die Schulter aus.

**Ärgern:** Gleich zwei Kicker von Steaua Bukarest landeten nach der 0:1-Niederlage gegen Gloria Bistrita 2005 im Krankenhaus. Victoras Jacob sah erst Rot auf dem Platz und dann auch auf dem Weg in die Kabine – er schlug vor Wut eine Scheibe ein und erlitt heftigen Blutverlust. Nach der Partie schlug auch der wütende Kollege Mirel Radoi eine Scheibe ein – er zerstörte eine Sehne in seiner Hand. (Irgendwie hatten also beide ein Glas zu viel.)

**Aufräumen:** Richard Wright, Torwart des FC Everton, packte nach dem Sommerurlaub 2003 die leeren Koffer auf den Dachboden – und fiel von der Leiter. Schulterverletzung.

**Auftreten:** Noel Whelan, Coventry City, verpasste eine halbe Saison in England, weil er mit seinem Fuß durch eine Glasscheibe trat.

**Autofahren I:** Alan Wright, kleingewachsener Abwehrspieler von Aston Villa, erlitt eine Sehnenreizung im Knie, als er versuchte, das Gaspedal seines Ferraris durchzutreten. Wechselte nach Genesung zu einem Rover 416.

**Autofahren II:** Charles Akonnor, VfL Wolfsburg, verletzte sich mit der Auto-Antenne in der Nase (sie fuhr überraschend automatisch aus). Mehrere Wochen Pause.

**Baden:** Kevin Keegan, Star des FC Liverpool und des HSV in den 70ern und 80ern, blieb mit seinem Zeh im Badewannenabfluss stecken. Ausfall für mehrere Spiele.

**Bohren:** Darius Vassell wurde zum Heimwerker, weil ihm der Zeh wehtat. Unter dem Nagel pochte eine Blutblase, und der englische Nationalspieler griff zu seiner Black & Decker, um sie zu öffnen. Das gelang. Allerdings war es kein schöner Anblick: »Überall war Blut.« Ab ins Krankenhaus, OP, Blutvergiftung, ein Monat Pause.

**Brüllen:** Alex Stepney, Torwart von Manchester United, schrie seine Verteidiger bei einem Spiel 1975 so heftig zusammen, dass er sich den Kiefer brach.

**Bügeln:** Michael Stensgaard, dänischer Torwart des FC Liverpool, versuchte Mitte der 90er Jahre, ein umfallendes Bügelbrett abzufangen. Schwere Schulterverletzung.



**Busfahren I:** Stefan Kuntz erlitt einen dreifachen Bänderriss beim Verlassen des Mannschaftsbusses vor dem Spiel mit dem 1. FC Kaiserslautern gegen Bayern München.

**Busfahren II:** Franz Michelberger, Bayern München, wurde im Trainingslager in Israel beim Einsteigen in den Mannschaftsbus von einem Kamel gegen die Treppe geschubst. Knieprellung.

**Duschen I:** Lee Hodges vom englischen Profiklub Barnet erlitt eine Leistenzerrung beim Ausrutschen auf einer Seife.

**Duschen II:** Sergej Juran, früher Stürmer bei Fortuna Düsseldorf, glitt nach seiner Rückkehr nach Russland beim Duschen aus. Er fiel verletzt aus und wurde von Spartak Moskau entlassen.

**Duschen III:** Lopes, Torwart von Botafogo, dürstete es nach der 1:3-Niederlage gegen Palmeiras nach einer kühlen Dusche. Doch als er sich 2006 in den Katakomben des Maracaná-Stadions in Rio unter den Brausekopf stellte, kam kochendes Wasser heraus. Verbrennungen im Gesicht, Ausfall für mehrere Spiele.

**Einchecken:** Milan Rapaic, Spieler von Hajduk Split, verletzte sich am Auge durch einen Stich mit dem Boarding-Pass am Flughafen. Verpasste den Start der Saison.

**Elchtest:** Svein Grondalen musste in den 70er Jahren seine Teilnahme an einem Länderspiel mit Norwegen absagen. Er war beim Joggen mit einem Elch kollidiert.



**Fernsehen I:** Robbie Keane, irischer Nationalspieler, erlitt einen Bänderriss im Knie, als er 1998 versuchte, die Fernbedienung zu erreichen.

**Fernsehen II:** Rio Ferdinand, Manchester United, zerrte sich vor dem TV die Kniesehne – er hatte den Fuß zu lange auf dem Tisch gelassen.

**Fernsehen III:** Pavel Kuka, Stürmer des 1. FC Kaiserslautern, verletzte sich an der Fußsohle durch eine heruntergefallene Sprudelflasche beim Betrachten des Horrorfilms »Wolf«.

**Fernsehen IV:** Peter Nielsen, Däne von Borussia Mönchengladbach, kugelte sich die Schulter aus – als er die Fernbedienung zu erreichen versuchte.

**Golfen:** John Durnin, Profi des englischen Klubs Portsmouth, fiel bei einer Runde Golf mit einem Elektrowagen in den Graben. Ellbogenverletzung, sechs Wochen Pause.

**Jubeln I:** Celestine Babayaro, Verteidiger in Nigerias Nationalteam, brach sich 1998 im Torjubel beim Salto rückwärts ein Bein.

**Jubeln II:** Thierry Henry, Torjäger des FC Arsenal, lief nach einem Treffer gegen Chelsea 2000 zur Eckfahne und benutzte sie wie ein Sänger sein Standmikrofon für eine Elvis-Jubelnummer. Die Fahne schnappte zurück – ins Auge des Franzosen.



**Jubeln III:** Ole Gunnar Solksjaer wurde nach seinem berühmtesten Tor, dem 2:1-Siegtreffer gegen Bayern München im Champions-League-Endspiel 1999, von den enthemmten Kollegen von Manchester United besprungen. Sehnenverletzung im Knie.

**Jubeln IV:** Martin Palermo kletterte nach einem Tor für Villarreal zum Feiern mit den Fans auf eine Betonwand. Sie stürzte ein. Doppelter Beinbruch. Er kostete den Argentinier die WM-Teilnahme 2002.

**Jubeln V:** Steve Morrow fiel beim Feiern des Ligapokalsieges mit Arsenal London 1993 von den Schultern seines Teamkollegen Tony Adams. Arm gebrochen.

**Kinderspiel I:** David Batty, englischer Nationalspieler, hatte gerade eine langwierige Achillessehnenverletzung auskuriert, als er mit seinem dreiradfahrenden Sohn kollidierte. Die Verletzung brach wieder auf.

**Kinderspiel II:** Allan Nielsen, dänischer Profi in Tottenham, fiel mehrere Spiele aus, weil seine Tochter ihm mit dem Finger ins Auge gestochen hatte.

**Kinderspiel III:** Mark Fish, südafrikanischer Verteidiger, bestritt mit seinem Sohn einen Ringkampf auf dem Wohnzimmerglastisch. Er wurde mit 39 Stichen genäht.

**Körperpflege:** Santiago Canizares, Torwart beim FC Valencia, schnitt die Scherbe einer heruntergefallen Rasierwasserflasche eine Sehne im Fuß durch. Er verpasste so die WM 2002.



**Küchenarbeit I:** Dave Beasant, der erste Torwart, der in einem Pokalfinale in Wembley einen Elfmeter gehalten hatte (1988 für den FC Wimbledon), versuchte fünf Jahre später ein ähnlich schwieriges Kunststück: einen herunterfallenden Krug mit Salatsauce mit dem nackten Fuß zu stoppen und vor dem Zerspringen zu bewahren: mehrere Bänderrisse, zehn Wochen Pause.

**Küchenarbeit II:** Georg Damjanoff, Hannover 96 fiel 1976 für ein Spiel aus. Ihm war ein Teekessel auf den Fuß gefallen. Trainer Fifi Kronsbein analysierte: »Zum ersten Mal trinkt er kein Bier, schon verletzt er sich.«

**Landen:** Jürgen Wegmann ist der Einzige, der sich beim Erzielen eines »Tores des Jahres« verletzte. 1988 gelang dem Stürmer der Seitfallzieher, den die Zuschauer zum schönsten Treffer wählten. Nur die Landung misslang: Wegmann verletzte sich am Arm.

**Latschen:** Uwe Reinders verpasste Halbfinale und Finale der WM 1982: Innenbandabriss durch Ausrutschen beim Tischtennis in Badeschlappen.

**Mülltrennen:** Michael Schulz, Profi bei Werder Bremen, erlitt 1998 einen Hexenschuss beim Leeren des Abfalleimers.

**Pipi:** Darren Barnard, Verteidiger des FC Barnsley, verletzte sich 1998 am Knie, als er in einer Pfütze Hundepisse auf den Küchenfliesen ausrutschte. Fünf Monate Pause.



**Radeln:** Enrico Romero, Verteidiger von Deportivo La Coruna, versuchte 2004 einem Hund auszuweichen, fiel vom Rad und verletzte sich eine Gesäßhälfte – ein Spiel Pause. Er hatte nicht gerade eine Glückssträhne: Kurz zuvor war er am Flughafen Pamplona von einer Schlange gebissen worden.

**Rasenmähen I:** Charlie George, Profi von Arsenal London, verlor einen Zeh beim Mähen.

**Rasenmähen II:** Kenny Dalglish, schottische Legende, bekam von einem Rasenmäher einen Stromschlag.

**Rasenmähen III:** Dirk van der Ven, Arminia Bielefeld, erlitt einen Mittelhandbruch dabei.

**Risiken und Nebenwirkungen:** Ramalho, brasilianischer Profi, musste drei Tage krank im Bett verbringen, weil er, um Zahnschmerzen zu lindern, ein Zäpfchen eingenommen hatte. Er hatte es geschluckt.

**Rollenspiel:** Emerson, Kapitän der Brasilianer, stellte sich bei einem Trainingsspielchen kurz vor der WM 2002 zum Spaß ins Tor. Resultat: Schulter ausgekugelt, Ausfall für die WM.

**Rumstehen:** Kenny Wharton, Verteidiger von Newcastle United, erlitt im August 1985 Verletzungen an Kopf und Knie – durch eine einstürzende Torlatte.



**Schlafen:** Michael Blättel, 1. FC Saarbrücken, fiel für ein Spiel mit einem Hexenschuss aus. Trainer Uwe Klimaschewski: »Der hat sich heute Nacht im Bett verletzt. Wie er das gemacht hat, weiß ich auch nicht.«

**Türenschließen I:** Rajko Mitic, Kapitän der Jugoslawen bei der WM 1950, verletzte sich vor dem Spiel gegen Brasilien den Kopf an der Kabinentür. Weil die Platzwunde noch genäht werden musste, traten die Jugoslawen zu zehnt an, bis Mitic mit einem Verband dazustieß. Es ist das einzige Spiel der WM-Geschichte, bei dessen Anpfiff nicht 22 Spieler auf dem Platz standen.

**Türenschließen II:** Mark Statham, Torwart des unterklassigen englischen Klubs Stalybridge Celtic, konnte nicht rechtzeitig zu einem Spiel 1999 kommen – er hatte seinen Kopf in einer Autotür eingeklemmt.

**Waschen:** Oliver Reck erlitt eine Platzwunde auf dem Fuß durch eine hinuntergefallene Seifenschale im Trainingslager von Werder Bremen.

**Winterdienst:** Imre Varadi, englischer Erstligastürmer der 80er Jahre, zerrte sich beim Schneeschippen einen Rückenmuskel.

**Zahnpflege:** Alan Mullery, englischer Verteidiger, verpasste 1964 ein Länderspiel, weil er sich beim Zähneputzen den Nacken verrenkt hatte.



**Und doch, es könnte immer schlimmer … Als tröstliche Beispiele für Fußballer einiges, was anderen Sportlern so passiert ist.**

**Golf:** Der Schotte Sam Torrance stürzte 1993 beim Schlafwandeln über einen Blumentopf. Er brach sich das Brustbein.

**Tennis:** Die Amerikanerin Andrea Leand musste bei den Canadian Open 1991 aufgeben und begründete das so: »Ich telefonierte gerade, als eine Putzfrau, die in meinem Zimmer staubsaugte, an der Schnur zog, so dass das Telefon auf meinen Fuß fiel.«

**Eiskunstlauf:** Der österreichische Olympiasieger Karl Schäfer war Fackelläufer auf dem Weg des olympischen Feuers aus Griechenland zu den Spielen in Berlin 1936. Er verbrannte sich an der Flamme den Oberkörper.

**Cricket:** Der Engländer Ian Grieg verlor seinen Hausschlüssel, versuchte durch ein Fenster im ersten Stock hineinzuklettern und fiel herunter. Knöchelbruch. Kurz nach seiner Rückkehr traf ihn im Spiel gegen Pakistan ein Ball hart am Finger. Die Untersuchung am Röntgengerät ergab: Bruch des Fingers. Als Grieg aufstand, schlug er mit dem Kopf gegen das Röntgengerät. Platzwunde, zwei Stiche.

## Vernetzt

Der Torwart Baird vom schottischen Klub Queen's Park geriet im Pokalhalbfinale 1894 gegen Glasgow Rangers in eine Situation, die man sich gern noch einmal in Zeitlupe anschauen würde. Ein Kopfball kam aufs Tor, Baird versuchte abzuwehren, doch es ging nicht. Tatenlos musste er zusehen, wie der Ball ins Tor hoppelte. Baird war mit der Hand im Tornetz hängengeblieben.

## Verpasst

Aus verhinderten deutschen WM-Helden bekäme man mühelos ein ziemlich weltmeisterliches Team zusammen. Und jeder hätte einen anderen seltsamen Grund, warum er nie für Deutschland bei einer WM spielte. Zum Beispiel Richard Hofmann 1934 wegen Zigarettenwerbung (obwohl er gar nicht rauchte). Richard Schlienz 1954, weil er nur einen Arm hatte (Herberger fürchtete, die anderen nähmen zu viel Rücksicht auf ihn). Bernd Trautmann 1954, weil er nach der Kriegsgefangenschaft in England geblieben war. Horst Blankenburg 1974, weil er als Libero von Ajax Amsterdam nicht an Beckenbauer vorbeikam. Willi Lippens 1974, weil er das seinem holländischen Vater nicht antun konnte. Und Bernd Schuster 1982, weil er den Teambesuch bei Hansi Müllers Gartenparty schwänzte.

## Verpfiffen

Die große Chance, sich 2006 erstmals für die WM zu qualifizieren, entging Usbekistan durch die unglaubliche Fehlleistung eines Schiedsrichters. Bei 1:0-Führung im Play-off-Spiel gegen Bahrain erhielten die Usbeken einen Elfmeter, verwandelten, doch der japanische Referee befand, dass ein Usbeke zu früh in den Strafraum gelaufen sei, und – entschied nicht etwa, wie von der Regel vorgesehen, auf Wiederholung des Elfmeters, sondern auf Freistoß für Bahrain. Das Spiel endete 1:0, die FIFA entschied auf eine Wiederholung, womit Usbekistan zum zweiten Mal benachteiligt wurde. Erst wurde ihnen das 2:0 genommen, dann auch das 1:0: Die Wiederholung endete 1:1. Damit kam Bahrain, das zwischendurch zu Hause ein 0:0 erreicht hatte, durch den

Auswärtstreffer ins Entscheidungsspiel gegen Trinidad & Tobago – in dem die Karibik-Kicker die Gerechtigkeit retteten und die WM in Deutschland bereicherten. Nur die Usbeken hatten nichts mehr davon.

## Versteckte Kamera

Wetten, dass ist ein Fall für die versteckte Kamera. Die stand 2005 in der schwimmenden Disco »Nano sur l'Eau« im Hafen von Antwerpen – und schoss ein paar Erinnerungsbilder von belgischen Fußballern beim erotischen Auswärtsspiel mit professioneller Assistenz. Die chinesische Wett-Mafia, die alles hübsch arrangiert hatte, filmte mit. Das half (neben anderen kleinen Gunsterweisen), die Verheirateten unter den Profikickern zu überzeugen, dass man bei manchen Spielen das Resultat besser schon vorher weiß. Partien etwa wie La Louvière gegen Westerlo, das 0:3 endete – exakt das Ergebnis, auf das in illegalen Wettbüros in Shanghai hohe Einsätze eingegangen waren. Die Sache flog auf, die Chinesen suchten sich andere Märkte, und den Belgiern blieben nur ein paar Erinnerungsbilder.



## Verwechselt

Wichtig ist es, den richtigen Arzt zu finden. Aber auch: den richtigen Patienten. Beim 2:2 der Engländer in der WM-Qualifikation in Österreich 2002 wurde Steven Gerrard zwecks Behandlung ausgewechselt. Welche Verletzung hatte er? »Wayne Rooney bekam einen Tritt gegen die Achillessehne. Ich signalisierte zur Bank, ihn auszuwechseln. Und dann haben sie mich ausgewechselt.« Gute Genesung.

## Verzählt

Eins plus eins ist zwei, Gelb plus Gelb ist Rot, und wenn man das nicht kapiert, sollte man eigentlich nicht Schiedsrichter warden. Graham Poll wurde es dennoch und gab Josip Simunic bei der WM 2006 im Spiel gegen Australien gleich dreimal die Gelbe Karte. Bei der zweiten hatte er die erste vergessen, erst bei der dritten musste der Kroate raus.

Aber es haben sich ja schon ganz andere verrechnet, Trainer vor allem, so wie Christoph Daum 1992. Er wechselte im Europapokal in Leeds einen vierten Ausländer ein (Simanic nach Dubajic, Sverisson und Knup), was den deutschen Meister VfB Stuttgart das Weiterkommen kostete (und ihn den Job). Immerhin war Daum in guter Gesellschaft. 3 statt 2 Ausländer, dieser Lapsus war schon dem großen Weisweiler 1977 unterlaufen; 4 statt 3 den Kollegen Schulte 1990, Heese 1993 und Sebert 1995. Inzwischen kann das nicht mehr passieren – dachte man, bis Otto Rehhagel 1998 vier Spieler aufs Feld schickte, die keine EU-Bürger waren. So verlor Kaiserslautern die Punkte gegen Bochum (obwohl Rehhagel, als er den Fehler bemerkt hatte, den Ägypter Hani Ramzy schnell noch anwies, eine Verletzung vorzutäuschen, um ihn rauszunehmen). Damit ihm so was nicht mehr passierte, ging Rehhagel dorthin, wo er so viele Ausländer einsetzen kann, wie er will; Hauptsache, es sind Griechen.



## Videobeweis

Sasa Markovic kam 1998 für 2 Millionen Mark von Roter Stern Belgrad zum VfB Stuttgart. Das Einzige, was die Stuttgarter von ihm gesehen hatten, waren Video-Cassetten. Im Training erwies sich Markovic als nicht bundesligatauglich, aber da war es zu spät. In der ersten Saisonhälfte kam er auf vier Spielminuten. Auf der Kassette soll Markovic gut ausgesehen haben. Manche vermuten, es waren Szenen aus einer unteren Spielklasse, die als erste Liga verkauft wurden.

Der englische Trainer Harry Redknapp hat ähnliche Erfahrungen mit den vielen Kassetten gemacht, die man ihm schickt: »Darauf kann man jeden gut aussehen lassen«. Einmal hat er für West Ham für eine Million Pfund einen Holländer namens Marco Boogers gekauft, den er nur vom Video kannte. Live war er weniger beeindruckend. Boogers machte insgesamt vier schlappe Spiele für West Ham, dann verschwand er in einem Wohnwagen auf einem Campingplatz in Holland. Redknapp fand danach eine bessere Verwendung für die Kassetten, die man ihm schickte: Er überspielte sie unbesehen mit seiner Lieblingsserie »Neighbours«.

## Von Jancker nichts zu sehen

Bernd Meier brachte das Kunststück fertig, in einem Münchner Derby einen ausgewachsenen Bayern zu übersehen, und dann noch einen von der Statur Carsten Janckers. Das geschah 1998: Meier hatte den Ball gefangen, Jancker war hinter ihm ins Aus gerannt. Doch statt abzuschlagen, rollte der Löwen-Torwart die Kugel vor sich her, um Zeit zu gewinnen – da kam Jancker aus dem Off, mopste den Ball und schob ihn hinein. Die Kunst, sich unsichtbar zu machen, perfektionierte der kantige Stürmer später so weit, dass er in der gesamten Saison 2001/02 im Trikot der Bayern in 20 Spielen kein einziges Mal traf – um dennoch von Rudi Völler als »Null-Tore-Jancker« mit zur WM genommen zu werden.

## Vulkan-Kicker

In manchem Fußballer brodelt ein Vulkan. Aber strenggenommen ist unterirdische Energie der Spielqualität nicht zuträglich. Deshalb hat sich als schlechtestes Team der Welt ein Team profiliert, dessen Eiland seit dem Ausbruch des Soufrière Hills 1995 zu weiten Teilen verwüstet ist und die Fußballer zu ständigen Auswärtsspielen zwingt: Montserrat. Immerhin reichte es zu Filmruhm. 2002 hatte der niederländische Regisseur Johan Kramer (inspiriert durch die verpasste WM-Qualifikation des eigenen Teams) die beiden schlechtesten Mannschaften der FIFA-Weltrangliste am Tage des WM-Finals Brasilien gegen Deutschland zum »anderen Finale«, so der Titel seines Dokumentarfilms, zusammengebracht – zum Kampf um den vorletzten Platz der Rangliste. Vor 25.000 Zuschauern im Changlimithan-Stadion in Thimphu gewann Bhutan das himalayisch-karibische Duell gegen Montserrat 4:0.

Der Film wurde ein Erfolg. Und während Bhutan nicht verstanden hatte, worauf es ankommt (wen interessiert ein Vorletzter?), verteidigte Montserrat den frisch gewonnenen Ruhm der weltschlechtesten Mannschaft mit Glück und Geschick. In bisher 11 offiziell anerkannten Länderspielen bezog Montserrat 11 Niederlagen. Torbilanz: 8:54. Beinahe wäre die Serie schnöde zu Ende gegangen, gegen Antigua und Barbuda führte man 2004 zur Pause 2:1. Doch dann glückte noch ein 4:5-Endstand. Es ist ein Land, das dem Nachwuchs eine Chance gibt die Aussicht, auf Montserrat eine internationale Karriere zu machen, ist deutlich größer als etwa in Deutschland: Durchschnittlich jeder zwölfte Kicker auf Montserrat wird Nationalspieler.

## Wags

Mehr Eindruck als Englands Kicker hinterließ bei der WM 2006 in Deutschland ihr Anhang – der grotesk konsumfreudige, ansonsten nichtsnutzige Tross aus »wifes and girlfriends«, der daheim auf der Insel mit dem Kürzel »wags« zum neuen Schimpfwort wurde. Nicht nur dort: Eine spanische Zeitung bezeichnete sie als »Hooligans mit Visum«. Dass die Party- und Shopping-Exzesse der Spielerfrauen und -freundinnen in Baden-Baden (Stunden-Rekord: 57.000 Pfund für neue Designer-Klamotten) wohl nicht das ideale Begleitprogramm für konzentrierte Männerarbeit waren, erkannte auch der neue Nationaltrainer Steve McClaren. Es wurde berichtet, er wolle die »Wags« von künftigen Turnieren fernhalten. Ein herber Schlag für den Einzelhandel.

## Wartezeit

Allem Anfang wohnt ein Zauber inne? Hermann Hesse hatte vielleicht Ahnung von wohlklingenden Versen und westöstlichen Weisheiten. Aber bestimmt nicht vom Fußball. Dort wohnt manchem Anfang nämlich ein Gegurke inne. Chile zum Beispiel brauchte 16 Jahre und 33 Spiele bis zum ersten Sieg seiner Geschichte: Er gelang 1926 gegen Bolivien. Oder Bulgarien: Keiner musste so lange auf einen Sieg in einem WM-Spiel warten – sechs Weltmeisterschaften und 17 Spiele lang. Endlich klappte es beim 4:0 gegen Griechenland 1994 in den USA. Weil's so schön lief, warfen sie im Viertelfinale auch noch die Deutschen aus dem Turnier, dank des Kahlkopfballs von Yordan Letschkow im Sprungduell mit dem

fast 1,67 Meter großen Thomas Häßler (»Häßler hat ein Kopfballduell verloren«, sagte ein deutscher TV-Reporter, »das musste ja einmal so kommen«).
Seitdem warten sie übrigens wieder, die Bulgaren.

## Weihnachten

Weihnachten ist auch bei Fußballern die Zeit der Geschenke – nur nicht in Deutschland, wo dann leider Winterpause ist. Wie es geht, zeigte die englische First Division am Zweiten Weihnachtstag des Jahres 1963. Der einmalige Spieltag zum Mitzählen:

**Blackpool – Chelsea 1:5**
**Burnley – Manchester United 6:1**
**Fulham – Ipswich 10:1**
**Leicester – Everton 2:0**
**Liverpool – Stoke 6:1**
**Nottingham Forest – Sheffield United 3:3**
**West Bromwich – Tottenham 4:4**
**Sheffield Wedneday – Bolton 3:0**
**Wolverhampton – Aston Villa 3:3**
**West Ham – Blackburn 2:8**



Macht zusammen 66 Tore in zehn Partien. Schöne Bescherung! Nicht ganz so freigebig zeigten sich jene Absender, die dem Sportdirektor des Tabellendritten der italienischen Serie A, Rino Foschi, ein ganz spezielles Präsent zum Weihnachtsfest 2006 zuschickten, nachdem Palermo 13 Punkte hinter Inter Mailand zurückgefallen war: Im hübsch eingeschlagenen Paket steckte ein blutiger Ziegenkopf.

## Weihnachtsfeier

Anders als im besinnlicheren Teil der Welt, wo man zu knisterndem Kerzenduft Oblaten knabbert, Glühwein schlürft und nur in äußersten Ausnahmefällen Sekretärinnen schwängert, nutzt der englische Fußballer die Weihnachtsfeier gern zu folkloristischen Höchstleistungen. Er verkleidet sich als Teletubby, Napoleon oder Nazi, trinkt bis zum Abwinken, pinkelt, um keine Zeit zu verlieren, schon mal unter den Tisch und kommt sich im Laufe des Abends auch körperlich näher. So wie Joey Barton, späterer Nationalspieler von Manchester City, der am Abend, als der Klub die Seinen zum Fest der Liebe 2004 bat, dem Reservespieler Jamie Tandy einen brennenden Glimmstengel aufs Auge drückte. Gern erzählen die, die dabei waren, auch immer noch von der Weihnachtsfeier bei West Ham United 2001, als Hayden Foxe über die Theke der Londoner In-Bar Sugar Rief urinierte.

Besonders originell war die Idee von Jamie Carragher, der 1998 zur Weihnachtsfeier des FC Liverpool als Glöckner von Notre Dame erschien – eine Verkleidung, die er aber bald ablegte, so wie alles andere, das er am Körper trug, und das aus tätiger Solidarität mit der für die Feier engagierten Strip-Tänzerin. Am Ende, so hieß es, seien die Dame und der an diesem Abend auch auf anderen Positionen einsatzfreudige Verteidiger nur noch mit etwas Sprüh-Sahne bedeckt gewesen. Erfreulicherweise für den Rest der Welt gelangten die Fotos an eine englische Boulevardzeitung – mal die etwas andere Illustration zum Fest der Liebe.

## Wer bin ich?

Bobby Gould, Trainer von West Bromwich Albion, sagte seinem Assistenten, er solle Paul Williams von Stockport für 250.000 Pfund kaufen. Und verabschiedetesich in die Sommerferien. Leider gab es bei Stockport zwei Paul Williams. Der eine war ein schneller, wendiger Linksverteidiger. Der Assistent kaufte den anderen. Es war ein ungelenker Bursche, der, wie sich herausstellte, keinen Ball köpfen konnte. Als der Boss aus den Ferien zurückkam und die Umkleide betrat, sah er den Neuen. Und sagte die schönen Worte: »Who the fuck are you?«

## Wetten, dass ...?

In einer Liste der »ungeheuerlichsten Wetten« führte die Website »totalgambler.com« einen Zocker auf, dem im falschen Moment in einer Kombination aus Vereinstreue und Übermut, Geldgier und Geilheit jede Sicherung durchbrannte. Im Hochgefühl einer 3:0-Halbzeitführung gegen den Favoriten Manchester United setzte der West-Ham-Fan, um seine Freundin zu beeindrucken, am 29. September 2001 den Wert seines gesamten Eigenheims auf einen Sieg von West Ham. Nach 90 Minuten stand es 5:3 für Manchester. Und der Zocker, so »totalgambler.com«, kehrte »heim in ein leeres Haus (und ein leeres Bett)«.

## Wortspiel

Wir schalten zu Wolfgang Ley (Eurosport), dem Rekordmeister des fußballerischen Namens-Wortspiels.

»Vier, das heißt auf italienisch quattro, aber trotzdem ist Angelo Vier nicht der Sohn von Suzi Quattro.«

»Ja, das ist Arrigo Sacchi. Es heißt ja Forza Italia, und bald hat er seinen letzten gelassen!«

»Foul von ... na wer wohl? Von Fowler!«

»Das Spiel von di Livio läuft wie geschmiert.«

Und doch wird er getoppt in der ewigen Namenswortspielbestenliste. Die Nummer eins gebührt dem »Kicker«, der nach fast 80-jähriger Übungszeit kurz vor der Jahrtausendwende anlässlich der Bochumer Torwart-Rivalität zwischen Rein van Duijnhoven und Thomas Ernst unter Trainer Ernst Middendorp das einmalige Highlight zündete. Er tat es mit der Frage:

»Tut Ernst Ernst rein? Oder tut Ernst Rein rein?« 

## Wurfobjekte

Natürlich sind alle Wurfgeschosse und vor allem ihre Werfer vollkommen bescheuert. Aber manche sind noch bescheuerter. Eine Auswahl der unglaublichsten Dinge, die schon auf Fußballplätze geworfen wurden.

**Kartoffeln:** David Cobeno, Torwart des FC Sevilla, klagte nach einem 0:0 im Pokal bei Rayo Vallecano über einen Gemüseschock. Aus einem dem Stadion benachbarten Wohnblock sah er sich während der Partie mit Orangen, Tomaten und Kartoffeln bombardiert. »Und das waren keine kleinen Kartoffeln, sie waren wie Steine«, beteuerte Cobeno. Er wusste die Urheberin genau auszumachen. Seine Vermutung: Sie habe ihre Speisekammer ausgemistet. »Es war die Dame im vierten Stock.«

**Katze:** Wurde bei einem Spiel der Primera Division einmal aus dem Fanblock von Sevilla aufs Spielfeld geworfen. Landete quicklebendig und unverletzt und machte sich davon.

**Olivenkännchen:** Das Servier-Teil aus Metall verfehlte David Beckham und einige andere Stars beim Gastspiel von Real Madrid in Osasuna 2006 nur knapp. Es flogen auch belegte Brötchen, Bierdosen und halbvolle Plastikflaschen – Zutaten für ein fast komplettes Abendessen.

**Schweinskopf:** Der legendäre Wurf-Kommentar eines Fans des FC Barcelona in Richtung des abtrünnigen Luis Figo bei dessen erstem Auftritt im Real-Trikot an seiner alten Wirkungsstätte, dem Camp Nou.



**Sitzreihe:** Eine fast schon sportliche Leistung zeigten mehrere Zuschauer beim spanischen Zweitligaspiel Poli Ejido gegen Xerez. Sie dachten sich offenbar: Eine Sitzschale aufs Spielfeld schmeißen kann ja jeder. Also warfen sie sechs zusammenhängende Sitzschalen. (Es ist zu vermuten: Die hatten einen sitzen.)

**Sellerie:** Mit diesem nährstoffhaltigen Gemüse bewarfen zwei Fans der Berwick Rangers bei einem Spiel der untersten schottischen Profiliga 2003 die Fans aus Stranraer. Sie entkamen der Polizei und erklärten ihre Tat in einem Schreiben an den Klub unter dem Pseudonym »Gemüsemänner«: »Sellerie ist aerodynamisch genung, um durch die Luft zu fliegen, und weich genug, um niemandem wehzutun.«

**Trommelstock:** Im Dezember 2005 wurde der Hamburger Alexander Laas beim 3:1-Sieg gegen den 1. FC Köln von einem Trommelstock aus dem Gästeblock über dem Auge getroffen. Er erlitt eine stark blutende Platzwunde. Köln musste 45.000 Euro Strafe zahlen und entschuldigte sich mit ganzseitigen Zeitungsanzeigen.

**Wasserhahn:** Flugeinlage eines Zuschauers von Rayo Vallecano (2002), der offenbar zuvor sein Bad renoviert hatte.

**Whiskyflasche:** Torwart Andrés Palop vom FC Sevilla fand 2006 die halbvolle Flasche unter Bierdosen, Feuerzeugen und anderen Gegenständen, mit denen ihn die Anhänger von Atlético Madrid bombardiert hatten. (In Sevilla selber sind Spirituosen auch nicht ungewöhnlich; bei einem Heimspiel flog einmal eine Rumflasche.)



**Würmer:** Fans aus Parma bewarfen Gianluca Pagliuca (Bologna) mit Plastikbechern voller Würmer. »Es war entsetzlich«, sagte der frühere Nationaltorwart Italiens. »Ich hatte sogar Würmer in meinem Trikot, und es war die Art von Wurm, die noch ekliger ist, wenn man sie zerdrückt hat.«

**Zweirad:** Die sportlichste Leistung der großen Werfernation Italien vollbrachten unbekannte Anhänger von Inter Mailand bei einem 3:0-Sieg gegen Atalanta Bergamo im Mai 2001: Sie warfen ein Moped – allerdings nur vom Ober- auf den Unterrang.

Die dümmste Wurfgeschosswahl der Fußballgeschichte aber traf ein Zuschauer beim Confederations Cup 2003 in Frankreich. Während der Partie Brasilien gegen Türkei (2:2) versuchte er Ronaldinho mit einer Kamera zu treffen (was misslang). Die Polizei stellte das Objekt sicher, entwickelte den Film und fand darauf den Besitzer bei einem Selbstbildnis mit türkischer Fahne vor seinem Auto. Mit Hilfe des Fahndungsbildes war er schnell gefasst.

# Zahlen

Nichts ist peinlicher als peinliche Zahlen. Zahlen lassen sich nicht wegdiskutieren. Ein paar der schönsten Minusrekorde des Fußballs.

**0 Tore:** Frankreich bei der WM 2002 (schlechtester Titelverteidiger)

**1 Sieg** in 38 Saisonspielen, dafür 33 Niederlagen und 25:120 Tore: Nie war ein deutscher Profiklub schlechter als der FK Pirmasens in der 2. Bundesliga Süd 1977/78.

**2 Zuschauer:** Craiova gegen Timisoara in Rumänien 2005 (europäischer Erstligarekord)

**5 Welt- und Europameisterschaften** verließ England durch Versagen im Elfmeterschießen (1990, 1996, 1998, 2004, 2006).

**6 Elfmeterschießen** verlor Mexiko, mehr als jedes andere Nationalteam, aber immerhin: bei drei Siegen.

**7 Sekunden:** WM-Karriere des Engländers Kerry Dixon 1986 (die kürzeste von allen)



**9 Niederlagen und trotzdem Meister:** Diesen zweifelhaften Rekord verdanken die Bayern der Dämlichkeit des Hamburger Ersatztorwarts Mathias Schober, der einen Rückpass in der letzten Saisonminute aufnahm – und den Bayern so die zehnte Niederlage ersparte, die Schalke den Titel gebracht hätte.

**12 Gegentore am letzten Spieltag** 1978 kosteten Otto Rehhagel den Trainerjob in Dortmund – und sichern ihm mit dem 0:12 im Auswärtsspiel gegen Mönchengladbach einen Platz in den Rekordbüchern.

**13 Platzverweise** erhielt Vinnie Jones in seiner Karriere in England – und brachte den Videofilm »Meine schönsten Fouls« heraus. Nach einem Foul von Kenny Dalglish sagte er dem Schotten die netten Worte: »Mach das noch mal, dann reiß ich dir das Ohr ab und spucke ins Loch.«

**14 Länderspiele ohne Tor:** Weltrekordserie der Nordiren von 2002 bis 2004 (insgesamt 1298 Spielminuten)

**16 Gelbe Karten**, dazu 4 Rote verteilte der russische Schiedsrichter Iwanow in der »Schlacht von Nürnberg«, dem WM-Achtelfinale 2006 zwischen Portugal und den Niederlanden.

**17 Auswärtsspiele** (also alle) verlor der 1. FC Nürnberg 1983/84 (Abstieg als Tabellenletzter).



**18 Unentschieden:** Rekord für Bundesliga-Absteiger (Kaiserslautern 1996 – abgestiegen wegen der Dreipunkteregel)

**19 Platzverweise:** Europarekord für Paris St-Germain in der Saison 2002/03

**21 Auswechslungen:** Weltrekord an Konfusion beim Freundschafts-Länderspiel England gegen Serbien-Montenegro 2003

**22 Klubs**, die um Brasiliens Titel spielen, schafften es, 2005 insgesamt 42 Trainer zu entlassen.

**27 Tore in Folge** kassierte der 1. FC Saarbrücken unter Peter Neururer, bis ihm wieder ein Treffer gelang – zwei Monate ohne Punkt und Tor bedeuteten 1993 den Absturz von Platz 12 in die 2. Liga (Den Rekord von 964 torlosen Minuten brach neun Jahre später der 1. FC Köln mit 1033.)

**34 Elfmeter** brauchte man, um 1996 das türkische Pokalspiel Galatasaray gegen Genclerbirligi zu entscheiden. Das Elfmeterschießen endete 16:17. Galatasaray-Torwart Hayrettin hatte alle 17 Schüsse passieren lassen.

**42 Spiele ohne Sieg** – die Saisonbilanz, mit der Vorwärts Steyr 1996 zum österreichischen Pendant von Tasmania Berlin wurde. Der Klub stieg mit sechs Punkten und 42:93 Toren ab.



**56 Gegentore** bei einem einzigen selbst erzielten Tor: Es ist mit 12 Niederlagen in 12 Spielen die Bilanz des luxemburgischen Klubs Avenir Beggen, des schlechtesten Klubs der Europapokal-Geschichte.

**57 Gegentore in** nur vier Qualifikationsspielen zur WM 2002 kassierte Amerikanisch-Samoa mit dem bedauernswerten Torwart Nicky Salapu (0:31 gegen Australien, 0:13 gegen Fidschi, 0:8 gegen Samoa, 0:5 gegen Tonga)

**75 Punkte Abzug** erhielt der griechischen Erstligaklub Ioannina 2003 wegen nicht bezahlter Gehälter – und stieg mit der Saisonbilanz von minus 54 Punkten ab.

## Zeitspiel

Gastgeber Südkorea hatte bei der WM 2002 komisches Glück mit den Schiedsrichtern – fünf Gegentore (durch Portugal, Italien und Spanien) wurden nicht anerkannt. Eines davon, völlig regulär erzielt, annullierte der ecuadorianische Schiedsrichter Byron Moreno, dessen Kontonummer dem Juventus-Sportchef Moggi möglicherweise nicht vorlag. Er raubte den tobenden Italienern im Achtelfinale gegen Korea erst Totti und dann das »Golden Goal«. Drei Monate später endete die Karriere Morenos auf abrupte Weise, nachdem er in einem Ligaspiel in Ecuador bis zum Ausgleich des Gastgebers nachspielen ließ – zwölf Minuten. Manche Leute haben einfach zu viel Zeit.



## Zementabwehr

Rafael Felipe Scheidt profitierte von dem Preiswahnsinn, der europäische Klubs befällt, wenn auf dem Paket nur »Brasilianer« steht. Der Verteidiger von Gremio wurde Ende 1999 für mehr als 15 Millionen Mark von Celtic Glasgow gekauft. Dort stellte man allerdings bald fest, dass Scheidt, in den

Worten eines Mannschaftskollegen, »nicht mal einen Zementsack decken konnte«. Nach drei Spielen schickte man ihn zurück.

## Zierfisch

Martin Zafirov wurde vom HSV-Manager Wehmeyer als »absoluter Goldfisch von höchstem Kaliber« präsentiert. Im Haifischbecken der Bundesliga hinterließ er aber nicht mehr Eindruck als eine Kaulquappe. Der Bulgare, der 400.000 Dollar gekostet hatte, wurde 1997 in Wolfsburg zur Pause eingewechselt. 41 Minuten später sah er die Rote Karte. Es blieb sein einziger Einsatz für die Hamburger.

## Zitterpartie

Freuden der Informationsgesellschaft, Unterrubrik: öffentlich-rechtliche Sender, Abteilung Videotext. Am Tag vor einem UEFA-Cup-Spiel von Borussia Dortmund bei Austria Wien 2003 lautete die Top-Nachricht des ZDF-Sports (Videotext-Tafel 204, die erste nach dem Inhaltsverzeichnis): »Wark prophezeit BVB eine Zitterpartie.« Wark? Hatten die jetzt einen ganz neuen Trainer in Dortmund? Oder irgendeinen unbekannten Neueinkauf?

Altmodische Ideen besagen, dass Sportreporter Sportler interviewen. Hier aber interviewte ein Sportreporter den Sportreporter aus der anderen Betriebsabteilung über dessen nächsten Sportreporterauftrag. Resultat der knallhart selbstreferenziellen Recherche: »Ob der BVB gut genug ist«, in Wien »zu punkten« (was in Pokalwettbewerben ausgesprochen schwierig ist), »und wie es um die Psyche der Spieler bestellt ist, verrät ZDF-Reporter Thomas Wark im Interview. >Von Aufbaugegner<, so Wark« (so ZDF-Videotext), »kann keine Rede sein. Das wird eine Zitterpartie. Auch die Angst spielt mit. Ein Aus in der ersten Runde wäre die Katastrophe, schon des Geldes wegen. All diese Gedanken belasten die Spieler.« Und uns erst.

## Zug zum Tor

Frank Whitby, Stürmerstar von Luton Town, rannte allein mit dem Ball auf das Tor von St. Albans zu – und verfehlte es meterweit. Seine Begründung: Sichtprobleme. Eine vorbeifahrende Dampflok habe ihm die Sicht vernebelt. Blöde Ausreden gibt es, seit es versagende Fußballer gibt – nur klangen sie im Jahr 1886 noch etwas plausibler. 120 Jahre später konnte die Deutsche Bahn den Schwarzen Peter zurückschieben – sie fand dank Fußball einen ausnahmsweise originellen Grund für eine Zugverspätung. Ein Hobbyspieler auf einem Nebenplatz des Emsdettener Stadions erwischte mit einem wuchtigen Schuss nicht das Tor, sondern die vorbeifahrende Regionalbahn Emden-Münster. Der verirrte Ball traf die Pressluftleitung des Zuges, was eine automatische Zwangsbremsung auslöste. Die Betriebsstörung konnte erst durch einen herbeigerufenen Techniker behoben werden.



## Zuordnung

Wie oben gezeigt: Jeder Mensch braucht Ausreden. Schüler brauchen sie für geschwänzte Stunden. Dienstreisende für überzogene Spesensätze. Ehemänner für Damenhaare am

Revers. Politiker für verlorene Wahlen. Und Fußballer für verlorene Spiele. Immer noch aber vertun sich besonders Fußballer und Trainer bei der Wahl der passenden Ausrede. Dabei ist es ganz einfach.

1. Haben Sie verloren und hatten ein paar Torschüsse?
   **Sagen Sie:** Unsere Chancenverwertung war mangelhaft.
2. Haben Sie verloren und hatten keine Torschüsse?
   **Sagen Sie:** Wir haben das Spiel kontrolliert, nur der letzte Pass hat gefehlt.
3. Haben Sie verloren, weil Ihre Taktik Schrott war?
   **Sagen Sie:** Wir haben durch individuelle Fehler verloren.
4. Haben Sie verloren und haben keine Ahnung, warum?
   **Sagen Sie:** Die Zuordnung hat nicht gestimmt.

Die mangelhafte Chancenverwertung, der fehlende letzte Pass, der individuelle Fehler und die Zuordnung sind Stammkräfte in jedem Fußballteam der Welt. Eigentlich müsste man sie entlassen. Aber natürlich will das gar keiner. Schließlich sind sie ziemlich nützliche Mitspieler. Sie spielen ohne Gehalt mit. Und sie nehmen jede Niederlage auf ihre Kappe.

## Zweiter Bildungsweg



Lothar Matthäus wurde einmal als Abiturient ausgegeben. Erstaunlicherweise mit Erfolg. Kurz nach seinem Länderspieldebüt 1980 verstärkte er die Schülermannschaft des Erlangener Marie-Therese-Gymnasiums, wo seine erste Frau Sylvia gerade Abitur gemacht hatte. Er trat im traditionellen Spiel Abiturienten gegen Lehrer an. Die Schüler gewannen 4:3, Matthäus schoss vier Tore.

## Zwölfter Mann

Beim Frühstück am 19. April 2001 stießen Zeitungsleser in aller Welt auf ein langweiliges Sportfoto. Es passiert rein gar nichts auf diesem Bild. Es wurde im Münchner Olympiastadion aufgenommen und zeigt ein Fußballteam, das sich kurz vor dem Anpfiff routiniert zum üblichen Mannschaftsfoto platziert. Vorn vier in der Hocke, hinten acht stehend – doch Moment mal, das wären ja zwölf! Und weil der Extramann keinem aufgefallen war, wurde das Mannschaftsbild der Fußballzwölf von Manchester United vor dem Champions-League-Viertelfinale gegen Bayern München eines der kuriosesten Dokumente in der Geschichte der Sportfotografie.

Der Mann, der mit seinem ManU-Trikot triumphal in die Kameras lächelte, hieß Karl Power. Längst hat er Hausverbot in Manchester. Doch das schert den arbeitslosen Bauarbeiter wenig. Einmal schaffte er es, gleich eine ganze gefälschte Mannschaft ins Old Trafford einzuschleusen. Vor dem Spiel gegen Liverpool postierten sich Power und zehn Kumpel zum Mannschaftsfoto am Mittelkreis, alle im Trikot von United – und alle mit Perücken und Baseballkappen. Er lief schon als Schlagmann mit dem englischen Cricket-Team auf, schlich sich in die Rugby-Nationalmannschaft ein, tauchte beim Großen Preis von England in Silverstone 2002 im roten Renn-Overall auf dem Siegerpodest neben Michael Schumacher auf. Ein besonderer Coup gelang ihm, als er sich am 27. Juni 2002 auf dem vollbesetzten Centre Court von Wimbledon mit seinem Kumpel Tommy Dunn einige Ballwechsel lieferte – bis Publikum und Offizielle merkten, dass eigentlich Anna Kurnikowa auf dem Spielplan stand. Selbst aus der Royal Box gab es Beifall.

Doch sein Highlight gelang ihm, als er der 12. Mann von Manchester United wurde. Und keiner von den richtigen 11 hat's gemerkt.

**Register der Spieler und Mannschaften**

(Vereinsmannschaften stehen nicht zwangsläufig unter dem Städtenamen, sondern häufig unter dem ersten aussagekräftigen Namensbestandteil (z.B. Botafogo, Hertha, Werder).

## A



## B

# C

## F

## I



## J

## K

## N

## O



## P

## Q



## R

## S

T

## U



## V



## W

X



Y



Z